초판한정 할인쿠폰

본 큐알코드를 스캔하시면
알리익스프레스 할인쿠폰을
받으실 수 있습니다.
사용기한: 2024년 3월 31일

돈은 링크를 타고 온다

돈은 링크를 타고 온다

초판 1쇄 발행 2024년 2월 14일

지은이 김준태

펴낸이 손은주 **편집** 김지수 **마케팅** 권순민
디자인 Erin **교정·교열** 권세희

주소 서울시 마포구 희우정로 82 1F
문의전화 02-394-1027(편집) **주문전화** 070-8835-1021(마케팅)
팩스 02-394-1023
이메일 bookaltus@hanmail.net

발행처 (주) 도서출판 알투스
출판신고 2011년 10월 19일 제25100-2011-300호

ⓒ 김준태 2024
ISBN 979-11-86116-47-0   03320

알리익스프레스 링크 공유로 돈 버는 방법

돈은 링크를 타고 온다

김준태 지음

알투스

실천

생각한 바를 실제로 행함
철학적
인간의 윤리적 행위
자연이나 사회를 변혁하는 의식적이고 계획적인 모든 활동

실제로 행함

기계적

컴퓨터 등을 명령어로 작동시키는 것
프로그램이 실제로 작동되는 일

실행

당신은 실천하는가?
당신은 실행하는가?

사람들은 실천하기 위해 노력한다.
너무 많은 생각과 판단을 하고
행동으로 옮기는 일에는 느리다.
그리고 대부분 실패한다.

성공하는 사람들은 실행한다.
생각보다 행동으로 다음 스텝을 진행한다.
그리고 대부분 성공한다.

지금부터 당신에게 필요한 것은
실행력+알리어필리에이트

이것을 실행하면 경제적 자유를 얻는다.
확실히!

　알리어필리에이트, 즉 링크공유 작업에 처음 발을 들였을 때 솔직히 막막했다. 주변에서는 의미 있는 수익 창출은 어려울 것이라 했다. 하지만 내가 좋아하는 제품을 선택해 열정적으로 공유했다. 처음엔 반응이 뜸했지만, 나는 포기하지 않고 매일 시장 조사를 하고, 제품 설명을 개선했다. 서서히 관심이 모이기 시작했고, 한 달 후 내 노력은 빛을 발했다. 하루에 단 30분, 제품 링크를 공유하는 것만으로도 수익이 발생하기 시작한 것이다. 사람들은 내가 추천하는 제품을 신뢰하고 구매했다. 그때 깨달았다. 성공은 인내심에서 비롯된다는 것을. 8번의 온라인 사업 실패를 되돌아보며, 이제는 그때와 전혀 다른 시장이 펼쳐지고 있다는 확신이 들었다.

　그리고 주변을 돌아보게 되었다. 많은 사람들이 정보를 알지 못해서 무엇을 해야 하는지 몰라서 경제적 자유를 실행하지 못하고 있음이 안타까웠다. 이제는 실행력만 있으면 원하는 것을 이루는 시대가 왔다는 것을 전하고 싶다. 하루 30분 일하며 대기업 직장 생활 연봉의 몇 배도 벌 수 있는 온라인 사업을 소개하고 싶다. 지긋지긋한 가난을 경험해 봤기에, 나의 과거처럼 힘든 삶을 살고 있는 분들을 풍요롭고 행복한 세상으로 이끌어 내고 싶다. 그냥 놓치고 말기에는 너무나 아까운 세계 최대 이커머스 기업의 수수료시장이 펼쳐졌기 때문이다.

포토그래퍼, 보따리상, 쇼핑몰, 블로거, 유튜버, 게임회사, 대행구매, 마케터……. 여러 가지 직업을 거쳐 가면서 MBA를 졸업하고 본격적인 온라인 창업을 시작했지만 실패한 후 세계 이커머스 시장을 샅샅이 조사했다. 세계적인 알리바바 그룹에서 만든 수익 링크 아이템을 찾아낸 것은 나에게 큰 행운이었고, 그것을 이제 독자의 행운으로 안내하고 싶기에 이 책을 출간하기로 했다.

　해외직구 시장은 연간 6조 원대로 성장했다. 그리고 시장의 성숙도가 높아져서 더 이상 대행구매의 매력이 유지되지 못한다. 사람들이 직접 사면 더 싸다는 것을 알기에 굳이 대행구매의 유통을 거칠 필요가 없다고 생각하기 때문이다. 이런 시대에 언제까지 온라인몰에서 쇼핑만 할 것인가? 이젠 온라인 사업가로 도약할 때다. 쇼핑의 세상은 완전히 바뀔 것이고, 알리익스프레스의 상품 링크를 자신의 유튜브 콘텐츠나 SNS에 넣는 것만으로도 수수료를 받게 되는 놀라운 세상이 펼쳐졌다.

　최고의 성공전략은 경쟁이 없는 시장에서 유일무이한 존재가 되는 것이다. 남들이 다 아는 것은 이제 그만하자. 경쟁 속에서 지치고 쓰러지는 삶을 벗어나야 한다. 끝없이 넓게 펼쳐진 블루오션에서 시작하자.

김준태 드림

프롤로그 08
이것을 실행하면 경제적 자유를 얻는다.
확실히!

2장〉돈은 온라인으로 흐른다

_ 알리어필리에이트 되기

**내 인생 마지막 블루오션,
돈은 링크를 타고 온다.**

**온라인으로
돈을 버는 사람**

인플루언서
쿠팡파트너스
알리어필리에이트
파워블로그
유튜버

**온라인으로 소액부업,
알뜰한 소비를 하는 사람**

공동구매
해외직구로 알뜰 소비
적립금
할인쿠폰

온라인으로 소비만 하는 사람

지구는 세모다

—

1장. 지금 바로 성공해야 하는 이유

점을 찍으면 언젠가 선이 이어져 별이 된다

무엇이든 실행하는 것이 중요하다. 특히 온라인 세상에서 그렇다. 나는 일찍부터 온라인 사업에 도전했고, 실패했으며, 그 경험들이 지금 현재의 나를 만들었다. 나는 8번의 실패를 통해서 현재의 일에 정착할 수 있었다.

내가 처음 사업에 도전한 것은 중학생 시절이던 1999년이었다. 당시에 라이코스라는 기업이 있었는데 게임 리뷰를 작성하면 인기도에 따라서 돈을 주는 프로그램이 있었다. IMF 이후로 가정형편이 많이 어려워지고 부모님께 말씀드리기 어려운 용돈을 스스로 벌어야겠다는 생각을 했던 것이다. 그래서 생각해 낸 것이 리뷰를 하는 전문 리뷰어였다. 당시 중학생 용돈은 3만 원 정도였는데 그 리뷰를 통해서 한 달에 3만 원씩 벌기 시작한 것이다. 블로거란 단어도 없던 시절이었는데 파워블로거처럼 리뷰를 올릴 때마다 사람들에게 댓글 답변과 함께 게임 설치하는 방법 등을 알려주고 수익을 올리기 시작했다. 그러나 안타깝게도 라이코스가 국내에서 철수를 하면서 나의 수익화 사업도 멈추게 된다. 그다음 고등학교 때부터 온라인 사업에 도전해서 구매대행을 시작했다. 온라인 몰에서 구매하면 훨씬 저렴한 제품들을 온라인에서 대신 구매해 주고 구매 금액의 3% 정도를 수수료로 받아서 카드로 결제해 주고 현금을 받는 방식이었다. 지금으로 생각하면 해외 직구 대행구매와 같은 것이다. 물론 학생이 돈을 버는 것은 당시에 매우 부정적이었지만 한 달에 몇 만 원 이상의 수익이 날 정도로 용돈벌이가 되는 규모였다. 그것을 통해서 내가 구입하고 싶은 게임이나 책을 구입하며 생활할 수 있었고 결과적으로 온라인 사업에 대한 수요를 조금씩 알아가게 되었다. 이것이 발전하면서 리뷰와 제휴 사업이 돈이 된다는 것을 배우게 되었다.

그리고 대학 입학 후 친구들과 중국으로 보따리 장사를 떠나게 되었다. 중국에서 한 사람당 50kg 정도의 곡물을 들여올 수 있는 규정을 이용하여 20명이 같이 배를 타고 1톤의 곡물을 한국으로 들여오는 일이었다. 이전에 했던 일보다 규모가 컸고 친구들에게 부담을 주지 않기 위해서 이 사업을 무역체험단이라는 전국대학생을 대상으로 하는 프로그램에 편입시켜 진행하였다. 참깨, 찹쌀, 고추, 참기름, 좁쌀 등 품목을 정해서 각각 중국에서 선적을 하여 한국으로 들여왔으며, 중국에 들어갈 때는 당시 한류열풍이 시작된 2004년경이었으므로 한국의 영화포스터 화장품 화장품샘플 등을 가지고 가서 중국 베이징 왕푸징 거리에서 허가를 받고 판매하였으나 디스플레이로 가져간 손부채만 잔뜩 팔리고 나머지 물건은 재고가 되어 다시 들고 귀국해야 했다. 더욱이 중국에서 구입해 온 물건에 문제가 발생했다. 물건의 품질이 하품이었고 아무것도 모르던 나는 그 상품을 한국에 들고 와도 판매할 수 없다는 것을 나중에 알았다. 군대에서 제대한 후에는 사진 찍는 일을 했다. 처음에는 봉사를 하기 위해 촬영을 하다가 웨딩사진사의 눈에 띄어 운 좋게 돈을 받으며 촬영하는 포토그래퍼가 되었다.

처음에 어린이집에서 촬영할 때는 3만 원, 웨딩사진사가 되어서는 15만 원, 추후 독립해서 촬영할 때는 회당 100만 원을 받게 되었다. 20대 나이에 회당 100만 원을 받는 것은 매우 큰 금액이었다. 그때부터 좀 더 큰 사업의 수익아이템이 있다는 것을 배웠다. 그러나 웨딩촬영을 거듭할수록 매너리즘에 빠지는 문제가 있었다. 비슷한 동선에 비슷한 내용과 사진 등 보기엔 화려했던 일이 창의성 없이 반복되는 노동이 되어버린 것이다. 그래서 이전의 경력을 살려서 파워 블로거에 다시 도전을 했다. 한국에서 정말 힘들었던 TOP100 블로거 인증을 받고 유명세를 얻었다. 그러나 2009년 당시 파워 블로거로 제품 지원은 받았지만 블로그 업로드 후에 수익화할 방법을 찾지는 못했다. 함께 진행한 유튜브 채널 운영 역시 채널의 조회수는 많았으나 지금처럼 돈을 벌 방법이 마땅치 않았다. 결국 블로그와 유튜브를 남들보다 10년 먼저 시작했고 최상위 수준에 도달해 놓고도 포기하게 되었다. 파워 블로거가 되기까지 심지어 이틀에 한 번 잘 정도로 하루를 48시간처럼 쓰며 열심히 작업했지만, 눈물까지 흘리며 그 모든 활동을 접을 수밖에 없었던 것은 수익을 얻기 힘들었기 때문이다.

결혼을 하게 되면서 일정한 생활비가 필요했고 블로그의 애드센스 개념이 커져가는 것을 보고 다시 티스토리와 블로그를 시작했다. 이미 이전에 파워 블로거였던 경험, 라이코스 리뷰어 경험 등이 있어서 시작은 어렵지 않았다. 수익을 더 올리기 위해서 여러 개의 블로그가 필요했는데 포탈의 엄격한 품질 관리로 인해서 양질의 글을 작성하더라도 하루에 올릴 수 있는 글의 갯수가 정해져 있어서 한 블로그에 여러 개의 글을 올리는 것은 페널티를 받게 되어 있었다. 그래서 블로그를 10개 정도 운영하였고 그때 월수익이 2000만 원까지 올라갈 정도로 성공적인 블로그 활동을 하게 되었다. 그러나 포털회사에서는 여러 개의 블로그를 운영하는 내 계정을 모두 폐쇄시켜 버렸다. 양질의 글을 작성했음에도 IP가 같다는 이유만으로 모두 폐쇄가 되어 나는 모든 수입원을 잃게 된 것이다.

　이후 아내와 둘이서 한 달에 전기요금이 6000원 정도가 나올 정도로 짠 내 나게 살았지만, 당장 출산을 위해서는 현실적인 비용을 벌어야만 했다. 8번의 온라인 사업 실패를 경험하면서 나는 점점 우울해졌다. 그러나 과거를 되돌아볼 시간보다는 미래를 정확히 내다보기로 결심했고, 단 한 번의 성공이 필요했다. 그래서 당시 세계 1위 온라인 시장이 유튜브라고 판단했고 다시 유튜브를 시작했다. 2010년에 이미 유튜브를 했으나 너무 빨리 진출했었고, 역시나 수익화할 방법을 찾지 못해 오래 버티지 못하고 포기한 경험이 있었기에 아내의 출산을 앞둔 상황에서 한 번에 성공할 수 있는 유튜브 치트키가 있는지 찾기 시작했다. 대부분의 사람들은 유튜브를 잘하기 위해서는 조회수와 유튜브 영상 광고 수익이 중요하다고 생각한다. 그러나 영상을 올리게 되면 몇 명이나 100만 조회수 영상을 만들 수 있을까? 그래서 아이가 태어나기 전까지 유튜브 동영상 광고가 아닌 다른 방법으로 확실한 수익을 만들 수 있을만한 것이 필요했다.

　완전히 망연자실한 상황에서 나는 복잡한 도시를 떠나기로 결심했다. 전국을 돌며 정착할 땅을 찾았고 집을 지었으며 그 과정을 기록한 브런치와 건축 관련 블로거, 유튜브를 운영했고 그 당시에는 놀라운 기록이었던 구독자 3만 명의 유명 유튜버가 되기도 했다. 관련 정보를 올리다 보니 또 사업화 기회가 생기게 되었고 유튜브를 이용해서 사람들에게 땅과 전원주택 짓는 것을 도와주는 사업을 준비하기도 했다. 그러나 경력이 짧은 내가 건축 관련 유튜브를 계속 운영해 나가기엔 버거운 일인 것을 깨닫고 포기하게 되었다. 그때 첫 아이 나이가 돌도 안되었는데 유튜브에서 얻는 수익 월 400만 원은 다시 거의 제로가 되게 되었다. 그렇게 다시 어려워지는 상황에서 둘째를 갖게 되면서, 수입이 제로가 되어가는 내 처지에 너무나 큰 두려움이 앞섰다. 그러나 나의 모든 지나온 온라인 사업 활동의 경험이, 혼자서 청춘을 불태운 그 실패의 과정들이 허공에 점을 찍듯 선으로 연결되어 별이 되는 순간이 왔다. 그것이 바로 '알리익스프레스'를 알게 된 순간이었다.

20만 원으로 시작한 새롭고 멋진 내 인생

나는 늘 갖고 싶었던 것이 있었다. 평생을 바친 온라인 사업의 수입이 제로가 되어가는 상황에서 두려운 마음을 스스로 치유할 길이 없었던 그때였지만 그것이 꼭 갖고 싶었다. 그것은 친구 집에서 보았던 '빔 프로젝트'였다. 그 당시에 빔 프로젝트는 백만 원이 넘는 고가의 상품이었고, 당장의 생활비가 없던 상황이었는데도 그것을 꼭 갖고 싶었다. 그러나 아내가 나에게 줄 수 있는 돈은 20만 원이었다. 나는 그 20만 원을 사업자금으로 써야 할 상황이었지만, 혹시나 빔 프로젝트를 저렴하게 구입할 방법이 있는지 찾아보기 시작했고, 빔 프로젝트를 나와 소비자들이 저렴하게 구입할 수 있는 길이 있는지 알고 싶었다. 20만 원으로 성공해야 하는 절체절명의 순간에 빔 프로젝트를 떠올린 것이다. 세계 온라인 시장을 다 뒤지며 해외 공장에서 직접 구입할 수 있는 곳을 찾아 나섰다. 그동안 해외직구 등의 흐름을 잘 파악하고 있었기에, 그런 마켓을 찾아 나선 것이다. 그러자 100만 원이 넘는 가격이었던 빔 프로젝트를 유럽에서 딱 20만 원에 구입할 수 있다는 것을 알게 되었다. 그 마켓이 바로 '알리익스프레스'였다. 이전에는 FHD 해상도의 빔 프로젝트는 100만 원대의 고가의 제품으로 여겨졌으나, 겨우 20만 원대에 구매할 수 있었다. 이 경험을 통해 알리익스프레스가 다른 해외 직구 사이트에 비해 매우 유용하다는 것을 알 수 있었다.

이 경험은 내 인생을 변화시키는 계기가 되었다. 나는 알리익스프레스에서 20만 원에 빔 프로젝트를 구입하는 과정에서 알리익스프레스의 제휴 프로그램을 알게 되었다. 한국에서는 아무도 알리익스프레스를 모르던 시절이었고, 나 또한 아무런 준비가 없는 상황에서 제휴 프로그램 신청이 통과되기 어려울 것으로 판단해서 제품 없이 이미지만 올리면서 유튜브 방송을 진행해 구색을 갖추었다. 그렇게 알리익스프레스의 제품을 한국에 소개하는 제휴 프로그램인 '알리어필리에이트'가 되었다. 그리고 나는 알리익스프레스를 통해 빔 프로젝트를 한국에 들여와 자그마치 1만 여대를 판매하게 되었다. 그동안 8번의 실패를 경험하며 온라인 시장에 찍어 놓은 점들이 선으로 이어져 내 인생의 별로 빛나게 된 것이다.

빔 프로젝트 1만 대 판매 영상

어느 날 알리바바 본사 직원으로부터 전화가 걸려왔다. 알리바바 본사의 임원진이 우리 집을 방문하고 싶다는 내용이었다. 그리고 놀랍게도 알리바바 사장단인 레이 장^{Ray Zhang}이 임원진과 함께 왔다. 내가 알리익스프레스가 한국에 진출하기 전인 4년 전부터 활동한 것에 대해 관심을 가지고 있었고, 앞으로 알리익스프레스의 발전 방향에 대한 자문을 구했다. 나는 내 생각을 솔직히 말씀 드렸다. 그분들의 말씀도 경청하며 알리가 고속성장을 해나갈 것이라는 믿음이 더욱 확고해졌고, 나의 미래에 대해서도 확신이 생겼다.

일단 가난에서 빨리 벗어나라

대한민국의 GNP가 무려 3만 달러가 넘었다. 그러나 1만 달러일 때와 비교해서 모두의 부가 세 배로 늘었나? 그렇지 않다. 빈익빈 부익부라는 말이 더욱 와닿는 요즘이다. 돈 버는 방법을 아는 사람들이 더 부를 쌓고 있을 뿐이다. 최저 생계도 어려울 정도인 가난한 사람들은 예전에 비해 많이 줄었지만 상대적 빈곤에 더 시달리고 있다. GNP 1만 달러 시대에는 자신을 중산층으로 여기는 사람들이 많았지만 이상하게도 GNP 3만 달러 시대에 들어서면서 자신은 가난하다고 느끼는 사람들이 더 많은 것 같다. 그런 심리적인 가난이 사람을 더 힘들게 하기도 한다. 도대체 이런 현상은 왜 나타나고 있고 어떻게 이런 문제를 해결할 수 있는가? 원인 중에 하나는 자본이 상당 부분 온라인으로 몰려가고 있기 때문이다. 그래서 다음 3단계만 기억을 하게 되면 이런 현실적, 심리적 가난에서 벗어나서 충분히 만족하며 경제적으로 힘든 부분을 보상받을 수 있다.

첫 번째 단계, 먼저 가난에서 벗어나고 싶은 이유를 분명히 정의해야 한다. 내 상황이 안 좋아지기 시작하면 보통 주변에 대한 불만이 많아지게 된다. 가족에 대한 불만, 지인들에 대한 불만, 사회에 대한 불만이 생기기 시작하고 짜증만 나게 된다. 그렇지만 이런 심리적 불안은 짜증을 낼수록 더 강해지기 때문에 문제를 해결하도록 바로 실행을 해야 한다. 먼저 내가 왜 불만을 갖기 시작했는지와 무엇을 개선해야 하는지에 대해 인식을 하기 시작해야 한다. 나의 경우는 내가 만나고 싶은 사람들을 만날 수 없다는 것이 안타까웠다. 어느새 내 주변에서 말이 통하는 사람들은 모두 불만만 가득한 사람들이었고, 서로 남 탓만 하는 사람들이었다. 함께 있다 보면 같은 분위기에 취하게 되어서, 우선 그런 모임을 벗어나야겠다는 판단을 했다. 함께 해온 시간이 길면 길지만, 가장 일하기 좋은 나이인 20대 30대를 불만만 가득한 채 지나버리게 된다. 결국 막연한 두려움과 불안과 불만 속에서 10년의 시간은 금방 지나간다. 그래서 가난에서 벗어나고 싶은 이유를 스스로 분명히 정의하고, 다음 행동에 들어가야 한다.

두 번째 단계, 관계가 모든 것의 시작이다. 책을 읽거나 영상을 통해서 배우는 것도 관계 맺기의 한 축이다. 자신이 관계하고 있는 모든 대상을 긍정적으로 빠르게 부자가 되는 방법과 관련한 곳으로 바꿔야 한다. 관계가 바뀌기 시작하면 대화의 주제가 달라지고 관심의 대상이 달라지고 성격도 실행력도 달라진다. 과거에는 인간관계를 통해서만 가능했던 관계를 맺는 것이 이제는 많은 강의, 영상, 전자책 등으로 인해 클릭 몇 번으로도 가능해졌다. 나의 경우도 유튜브를 시작하면서 스튜디오를 차리고 촬영을 하려면 어마어마한 자금이 들어가고 전문 인력도 따로 필요했을 것이다. 그러나 그런 전문 인력들조차 온라인상에는 쉽게 관계를 맺을 수 있었고, 배움의 길도 많았다. 이제는 과거에는 맺기 힘들었던 그런 긍정적인 관계들이 쉽게 연결이 되고 있고 선택의 폭도 무한정으로 넓어졌다. 댓글을 달고 질문을 하고 영상을 시청한 다음 '좋아요'를 누르는 것도 관계 맺기이다. 가난을 벗어나기 위해서는 무조건 생산적인 관계의 기준을 가져야 된다. 부정적인 사람들과 만날수록 시간은 낭비되고, 배울 것은 없고, 함께 불만만 쏟다가 청춘을 보내게 된다. 긍정적인 다양한 관계 맺기를 하다 보면 놀랍고 신기할 때가 있다. 내가 배울 수 있는 사람을 온라인으로 만나게 된 적이 있는데 한 2년쯤 후에 그가 엄청나게 성장해 있다는 것을 알게 되었다. 그렇게 성장하는 대상을 보면서 나도 같이 빠르게 성장할 수 있는 것이다. 그들을 통해 실행력을 알게 되면 자신의 삶도 변하고, 다양한 것을 볼 줄 아는 안목도 갖추게 된다.

세 번째 단계, 수익은 지금부터 시작이다. 내가 온라인 사업으로 성공의 길에 올라섰을 때 깨달은 것은 부자가 되기에 늦은 때는 없다는 것이었다. 대부분의 부자는 나이가 들어서 자산을 쌓기 시작했다. 마찬가지로 지금 자신이 원하는 것들이 잘 안 된다고 하더라도 수많은 노하우를 쌓아 가면 그 노하우를 기반으로 부자가 되는 시간을 만들어 갈 수 있다. 그리고 운이 트이는 느낌을 받는 날이 오고 지나온 노력을 빠르게 보상받을 수 있다. 1년에 300만 원을 벌었다고 쳐보자. 정말 생활이 어려울 것이다. 그러나 거기에서 쌓인 노하우가 축적되었다면 그다음 해에는 1년에 3억을 벌 수도 있다. 그러면 어떻게 되는가? 남들이 3천만 원씩 벌어서 10년 동안 벌 것을 1년 만에 압축해서 벌게 되는 거다. 그리고 그게 진짜 시작이다. 계속해서 노하우가 쌓이게 되고 긍정적이고 생산적인 관계가 맺어지기 시작하면서 수익을 더 높일 수 있다.

부자들이 혼자서 부자가 되는 경우는 없다. 자수성가했다는 사람들도 대부분 자신에게 긍정적인 기운을 주었거나 기회를 주었거나 그리고 함께 하는 사람들이 있었기에 부자가 될 수 있었다. 20대에는 나는 아무것도 물려받을 게 없는데 부자가 될 수 있을까? 30대에는 아직 자리 잡지도 못했는데 부자가 되는 건 꿈꾸기도 어렵지 않을까? 벌써 40대인데 이제 와서 무슨 부자가 될 수 있을까? 50대에는 이미 너무 늦은 거 아닐까? 그런 생각들로 시간을 다 보낸다. 그러나 늦지 않았다. 명확히 내가 가난에서 벗어나고 싶은 이유를 인지하고, 긍정적이고 미래지향적이며 자산을 일구고자 하는 목표를 세우고 새로운 관계를 맺고 실행에 들어간다면 절대 늦지 않다. 의심하지 말고 끝까지 성공의 길에 도착할 때까지 나아가면 된다. 그러나 대부분 조금만 잘 되기 시작하면 다른 생각을 한다. 더 집중력을 발휘하고 효율성을 생각하는 것이 아니라 하던 일에는 소홀해지고 주변을 엿보게 되면서 1년쯤 바짝 잘 되다가 망하는 사람들이 많다. 계속 다른 사람들과 공유하면서 혼자서 못했던 일들을 더 많은 사람들과 함께 할 수도 있다.

모든 사람들이 부자가 되는 길은, 특히 자수성가하는 사람들은 이 3단계를 크게 벗어나지 않는다. 내가 실행하는 것들이 충분한 보상을 받을 것이라 믿지 않는 사람은 그 일을 제대로 해낼 수가 없다. 그러니 자신의 능력을 믿고 이 책에서 제시하는 데로 온라인 사업을 밀어붙이기 바란다.

실패를 기회로 바꾸는 방법

내가 온라인 사업을 하며 십 년 이상 지켜본 결과 실패만 하는 사람들에게는 세 가지 공통점이 있었다. 내가 10년 동안 계속 실패한 이유도 마찬가지였다. 그리고 나는 나의 실패 이유 분석과 실패하는 사람들을 지켜보며 솔루션을 찾아냈다. 내가 실패를 거듭하는 시간을 10년 이상 보내다 보니 주변 사람들이 다 사라지고 말았다. 그리고 같이 실패하는 사람들만 주변에 남아있었다. 그래서 실패하는 이유 세 가지를 깨닫고는 기회가 열리기 시작했다.

실패를 하는 사람들의 공통점 첫 번째는 변화에 대한 두려움이다. 성공을 위해서는 새로운 분야에 도전을 해야 한다. 하지만 실패를 계속하는 사람들은 새로운 것에 도전하지 않는다. 그리고 기존의 익숙한 방법으로 일을 하다 보니 성장의 기회를 놓치게 된다.

기회는 변화에서 온다. 한국에서 현재 부자가 된 사람들은 한국의 산업화 혁명 그리고 정보화 혁명의 흐름을 타고 거부가 된 경우가 많다. 그러나 새로운 경험과 새로운 변화는 인간에게 두려움을 먼저 준다. 우리가 처음 보는 음식을 먹지 못하는 이유도 바로 그 음식을 먹었을 때 내가 탈이 날까 싶고 이상한 맛은 아닐까 싶은 두려움 때문이다. 이런 감정은 중요하다. 만일 처음 보는 음식을 아무렇지도 않게 막 먹는다면 어떻게 될까? 분명히 그중에는 몸에 안 좋거나 탈이 나게 하는 성분이 들어 있는 것도 있어서 인간은 자기 수명대로 살 수 없을 것이다. 이런 조심성이 우리가 살아가는 데 안전성을 부여하는 것도 사실이지만, 반대로 기회를 놓칠 수 있는 원인이 될 수도 있다. 두려움은 자연스러운 반응이고 크게 성공했다가 크게 망하는 사람들 역시 그 두려움에 대한 원인 분석 없이 용기만 갖고 달려든 경우가 많다. 그러나 두려움에 의해서 아무 것도 하지 않는다면 아무 일도 일어나지 않을 것이다. 현재 내가 살고 있는 환경이나 내가 소통하는 사람들이 모두 만족스럽다면 상관없지만, 나와 나의 상황을 바꾸고 싶다면 분명히 변화가 필요하다. 특히 실패를 극복하기 위해서는 변화가 필요하다. 실패를 하는 사람들은 변화가 두려워 회피만 한다. 무엇인가 과정이 변할 때 바로 그곳이 크게 성장할 수 있는 지점이다.

실패하는 사람들의 공통점 두 번째는 계획성이 없다는 것이다. 성공을 하기 위해서는 반드시 계획이 필요하다. 하지만 실패하는 사람들은 목표도 설정하지 않고 계획을 세우지도 않고 계획을 세우더라도 실행하지 않는다. 왜 자기가 실패하는지 절대 모른다. 그래서 이전에 실패했던 원인을 다음 기회에도 그대로 끌고 와서 같은 방법으로 또 실패한다. 본인이 생각했을 때는 이전과 다르다고 생각을 하지만 재미있는 사실은 다른 사람들은 그가 왜 실패하는지 다 안다는 것이다. 왜 실패했는지 본인만 모르는 것이다. 계획이 있다면 상황은 완전히 달라진다. 실패하는 경우는 분명히 어떤 잘못된 목표 설정이나 계획성 부족이 있을 수 있다. 심지어 확실한 계획이나 전략도 없이 전 재산을 투자하여 날리는 경우도 허다하다. 아무리 좋은 기회라고 하더라도 계획 없이 실행을 한다면 반드시 실패할 수밖에 없다. 탄탄대로가 되기 위해선 완전한 설계도가 준비되어 있어야 한다. 그렇다면 좋은 계획이란 무엇일까? 무엇보다 내가 이것을 왜 하는지 그리고 그것을 통해서 내가 얻을 수 있는 것이 무엇인지 내가 반드시 실행해야 되는 것들이 어떤 것인지 분명히 하는 것이 중요하다. 내가 이걸 왜 하는지 모를 때는 중도에 포기할 가능성이 높다. 그렇게 될 경우엔 그동안 투자했던 시간은 물론이고 투자비용까지 날리게 되는데 가장 아까운 것은 돈도 아니고 시간도 아니다. 바로 그것을 하지 않았다면 다른 좋은 것을 할 수 있었을 텐데 그것조차 하지 못한 기회비용을 날린 것이다. 그리고 또한 내가 그것을 통해서 얻을게 무엇인지 분명히 알아야만 한다. 인터넷 사업으로 돈을 벌려고 하는 사람은 자기 시간을 갈아 넣어서 한다. 그러나 내 시간만 갈아 넣어 하는 일들은 실패했을 때 얻는 것이 아무것도 없다. 그렇지 않기 위해서는 실패를 하더라도 노하우를 얻어서 다른 것을 할 수 있는 학습효과라도 있어야 한다.

실패하는 사람들의 공통점 세 번째는 자신이 무엇을 하는지 잘 모른다는 것이다. 하고 싶다는 의욕만 앞서서 무엇을 해야 하는 지도 모르고 덤비거나, 기회가 왔는데도 무엇을 해야 할지 몰라 시간만 허비하는 경우도 마찬가지다. 무엇을 해야 하는지 분명히 알고 그것을 제대로 잡을 수 있는 공부가 되어있지 않으면 내가 가져야 할 것들을 다른 사람들이 다 낚아채는 경우가 많다. 그렇게 되지 않기 위해선 내가 뭘 해야 될지 아는 것이 중요하다. 예를 들어서 학창 시절에 공부를 할 때 중간고사를 본다면 중요한 것이 무엇일까? 가장 먼저 알아야 하는 것은 시험 범위다. 그리고 시험에 나오는 유형들을 파악해야 한다. 그리고 집중해서 공부 시간을 투자해

서 익혀야 한다. 마찬가지로 일을 할 때는 내가 해야 될 범위를 최
소한으로 줄여서 그것에 대해서 목적을 인식하고 계획하고 반드
시 실행을 해야 한다.

계속 실패하는 사람들의 공통점 네 번째는 자기 책임감이 부족
한 경우가 많다. 성공을 하기 위해서는 책임감이 중요하다. 하지
만 실패하는 사람들은 자신의 실패를 다른 사람들이나 환경 탓으
로 돌린다. 우리에게 가장 부족한 것이 무엇일까? 돈일까? 시간일
까? 아니면 기회일까? 단연코 돈은 우리가 인터넷을 할 수 있는
환경만 갖출 수 있으면 충분하다. 그리고 인터넷을 이용해서 내가
할 수 있는 시간만 있으면 충분하다. 기회는 널리고 널렸다. 그러
나 책임감 있게 하나에 집중하지 못하는 것이 문제다. 진짜 부족
한 것은 그것을 이루겠다는 스스로의 책임감이다. 인터넷 사업에
서는 기간 내에 마무리하라는 상사의 독촉도 없고, 매출 목표를 달
성하라는 팀장의 재촉도 없다. 모두가 자기 자신과의 약속이고, 자
기 자신과의 싸움이기 때문에 자기 책임감이 가장 중요한 것이다.
성공하는 사람들은 어떤 사건이 발생했을 때 원인을 분석하고 자
기가 해야 될 일을 결정하고 그리고 찾아서 실행한다. 그러나 실패
하는 사람들 같은 경우에는 자기 책임감이 부족하기 때문에 배울

점도 고칠 정도 정리하지 않는다. 온라인 사업은 누구도 자신에게 실패를 탓하지 않으므로 더욱이 실패의 끝도 제대로 된 보고서 한 장 없이 흐지부지 되는 것이다. 정말 최선을 다했음에도 불구하고 실패하게 된다면 왜 실패했는지 철저한 원인 분석을 해야지 실패가 반복되지 않는다.

왜 유튜브를 해야 하는가?

나는 내 인생 전체를 온라인 사업에 바쳤다고 할 만큼 온라인으로 수익을 낼 수 있는 모든 일에 도전했고, 무엇이든 정상까지 오르는 경험을 해봤지만 결국 실패했다. 어느 것도 가정경제가 안정을 유지할 수 있게 하는 수익원을 만들어 낼 수 없었다. 그런데 유튜브는 달랐다. 10년 전에 이미 3만 구독자를 확보했지만, 장기적으로 이어가기 힘든 콘텐츠 분야를 선택하는 바람에 포기했고, 세 번 네 번의 도전 끝에 지금의 성숙된 유튜브 시장에서 내 사업의 베이스 파이프라인을 만들었다. 나는 현재 전원주택에서 출퇴근 없이 일주일에 하루를 일하며 안정적인 한 달 수익은 1800만 원을 넘어섰다. 수익은 유튜브와 관련 블로그 1개를 운영하며 들어오고 있는데, 쇼핑 유튜브는 알리익스프레스의 알리어필리에이트 작업으로 수익이 점점 늘어나고 있다.

내가 운영하는 유튜브는 주 시청자 층이 키덜트로 대변되는 취미생활을 하는 40대 구독자여서 그와 관련해서 가성비 제품들을 소개하는 콘텐츠다. 지금까지 거의 열댓 개의 유튜브 채널을 운용했었는데 대부분 실패한 이유가 너무 넓은 타겟층을 잡고 끌어갔던 것이 문제였다. 하지만 분석을 해서 타겟층을 좁히고 어떤 이야기를 할지 결정하니까 수익이 늘어나기 시작했다. 새로운 것을 좋아하는 남성들을 상대로 이야기를 하다 보니 혁신적인 제품들을 주로 다루게 되었고, 신제품을 출시하는 기업들의 협찬도 증가하기 시작했다. 과거에는 유튜브 수익이 조회수당 2원, 3원이었고 유튜브 광고 수익에만 의존했다면 이제는 여러 가지 부수입들이 많아져서 수익이 몇 배 더 커지게 되었다.

40대 남성을 대상으로 하여 인기를 모은 제품

유튜버들이 말하지 않는 부분들이 있는데, 진짜 큰 수익은 판매에 따른 커미션이다. 보통 SNS에서의 수익은 구독자수, 몇 십만 몇백만의 조회수, 애드센스 광고 수익 등이라고 생각하는데, 판매에 따른 수익은 구독자가 없어도 바로 수익창출이 가능하다. 유튜브 동영상 광고의 경우에는 광고를 얻기 위한 기준이 있는데 판매에 따른 수익은 구독자 0명이라고 하더라도 영상을 올려서 판매가 진행되면 바로 수익을 얻게 되는 구조다. 그러니까 누구나 시작할 수 있는 것이다. 나의 채널 같은 경우에는 초기에 수익이 첫 달에 100만 원 정도였고 그 후 바로 200만 원 500만 원 그리고 800만 원으로 매달 늘어났다. 1800만 원에 이르기까지 아주 짧은 시간이 걸렸다.

사람들은 유튜브가 계속 레드오션이라고 이야기한다. 유튜브를 해본 사람들은 진짜 안 되더라고 말한다. 그 말은 반은 맞고 반은 틀리다. 대부분의 리뷰어들은 아직 블로그에 머물러있는데 수익 단가는 유튜브가 훨씬 크다. 블로그에 비해서 유튜브는 압축성장이 가능하고 상품 판매 커미션으로 월 수익 200만 원, 300만 원은 충분히 가능하다. 시청자는 한 유튜브 채널을 통해서 상품을 한 번 구입하고 그 제품이 마음에 들면 구독을 하게 된다. 그리고 다음 제품을 리뷰하게 될 때 재구매율이 매우 높다.

유튜브 같은 경우는 동영상 편집이라는 장벽 때문에 업로드되는 영상의 개수가 블로그 글에 비해서 현저하게 적다. 글만 써서 올릴 수 있는 블로그에 비해 영상 촬영이나 편집이 되어야 하는 유튜브가 당연히 진입장벽이 높을 수밖에 없다. 실제로 지금 유튜브에 칫솔이라고 검색해 보면 심지어 3년 전 영상도 메인에 올라와 있다. 망원경이라고 검색해 봐도 역시 마찬가지다. 하지만 네이버는 검색을 누르는 순간 최근 며칠사이 업로드 된 콘텐츠가 올라오기 시작한다. 그건 반대로 이야기하면 영상이 하나 올라올 때 글들은 수백 개가 계속해서 올라온다는 의미다. 블로그는 끝없는 경쟁이다. 네이버에는 많은 글들이 올라오기 때문에 최신 글들을 계속 순환시킬 수밖에 없는 것이다. 그러나 유튜브는 영상 편집이라는 장벽 때문에 내가 올린 영상이 2년 3년 동안 살아있고 수십만 명이 그 영상을 볼 가능성이 높다. 그 와중에 물건은 계속 팔리게 된다. 나는 유튜브 영상 편집을 딱 15분 만에 배웠고 지금까지도 그렇게 배운 단순한 편집 방법으로 유튜브 구독자를 10만 명 모을 수 있었다. 유튜버들이 왜 링크를 다는지 그렇게 링크를 달면 돈을 얼마나 버는지 관심을 가져야 한다.

인기 유튜버들이 절대 알려 주지 않는 고수익 방법

요즘은 유튜브 크리에이터들이 단 하루 만에도 큰 수익을 올릴 수 있다. 한 달 수익 천만 원을 넘어 2천만 원, 3천만 원까지 수익을 올리는 분들도 많이 있다. 이 방법을 위해서는 딱 두 가지만 필요하다.

첫째, 유튜브 채널을 시작하는 것이다. 구독자가 적더라도 전혀 상관이 없다. 두 번째, 하고자 하는 의지다. 나도 하고자 하는 의지가 있었기에 많은 수익을 누릴 수 있었는데, 아직까지 이렇게 수익을 얻는 방법을 공유해 주는 분들이 아무도 없다. 완전 초보자도 시작할 수 있으며 지금 당장 시작한다고 하더라도 늦지 않다. 방법도 쉽다. 그냥 유튜브 영상에 바로 링크 하나만 추가하면 되는 것이다. 많은 분들이 도대체 유튜버들이 왜 자꾸 영상 밑에 링크 하나를 추가하는지, 그것을 통해서 수익을 얼마를 만들어내는지 궁금해한다. 이 방법이 매력적인 이유는 간단하다. 바로 자고 있는 동안에도 수익이 계속해서 늘어난다는 것이다. 우리는 어려서부터 열심히 일해야 된다는 이야기만 듣고 살아왔다. 그래서 아무 일도 하지 않는 동안에도 엄청난 수입이 생긴다고 하면 믿지 않는 분도 있겠지만 이것은 사실이다. 나도 지금 자는 동안에도 수익이 늘어나고 있기 때문에 일하는 시간이 점점 줄어들어 현재는 일주일에 하루, 그것도 4시간 정도만 일하고 있다. 만일 현재 하고 있는 일이 바쁘고 힘들어 더 이상 흥미를 느끼지 못한다면 더 나은 일을 시작할 수 있는 좋은 기회일 수 있다. 과거의 유튜브 채널의 수입은 한정적이었다. 그래서 유튜브 앞에 나오는 동영상 광고 수입에만 의존을 했었다. 하지만 이제는 다르다. 채널에 링크를 달고 나서 판매 당 수익을 알게 된다면 당장 시작하지 않을 수 없다. 안정적인 수익을 누릴 수 있기 때문이다.

유튜브로 수익을 올리는 방법은 크게 4가지로 나눌 수가 있다. 첫 번째는 유튜브 동영상 광고다. 구독자 1000명에 영상 보는 시간이 4000시간 넘어가면 1조회 당 2원에서 3원을 벌 수 있는 그런 수준이다. 두 번째는 협찬 광고다. 제품을 받고, 협찬 비용을 받을 수 있다. 세 번째는 유튜브 멤버십이다. 재미있거나 유익한 영상을 찍으면 사람들이 멤버십에 가입해서 후원을 해준다. 네 번째는 후원금이다. 그리고 유튜버들이 밝히지 않는 다섯 번째 직접 판매에 따른 커미션이 내가 계속 강조하고 있는 엄청난 수익을 올릴 수 있는 방법이다.

유튜브 수입

1. 조회수당 2~3원

2. 협찬 광고

3. 멤버십

4. 후원금

5. 제품 판매에 따른 커미션

유명 유튜버들이 달고 있는 링크는 이전에는 없었던 형태다. 그리고 이제는 더욱 빠르게 수익을 올릴 수 있도록 공동구매라는 형태로 진행되고 있다. 특히 공동구매가 매력적인 이유는 시중 최저가 보다 더 싸게 가격을 제공하기 때문에 소비자들의 실제 구매로 이어진다는 점이다. 공동구매 형태가 아니라고 하더라도 현재 방송된 제품의 링크만 밑에 달아두게 되면 영상이 존재하는 한 매출은 계속 이어진다. 심지어 내가 4년 전에 올린 영상에서도 수익은 계속 나고 있다. 제품을 소개하는 영상에 링크를 걸게 되면 큰 수익이 발생할 수밖에 없는 이유가 있다. 현재까지 유튜브처럼 모든 사람들에게 완벽한 수익을 얻을 수 있게 해 준 플랫폼은 없었다

네이버 블로그는 네이버에 갇혀서 사업을 하게 되어 있고 링크

를 공유하는 것 또한 자유롭지가 않다. 카카오 역시 최근 들어서 티스토리 조차도 카카오 안에 가둬서 사업을 진행하려고 하는 무리수를 두고 있다. 많은 사람들이 그래서 방황을 하고 있다. 유튜브 회사는 링크에 대한 생각이 없다. 그래서 콘텐츠 제작자가 아래 링크를 건다고 해서 저품질로 인해서 검색 누락이 되는 등의 문제점도 없다. 편하게 유용한 정보로 영상을 올리고 링크를 달면 바로 수익화가 가능하다. 그리고 유튜브는 따로 글로벌화 사업을 진행할 필요 없이 국내 인구 5천만 명이 아닌 세계 인구 80억을 상대로 사업을 하기 때문에 저절로 세계시장을 공략하게 된다.

공동구매의 경우, 영상을 봤다는 것은 분명히 그 제품에 관심이 있다는 뜻이다. 그런데 그 제품이 시중보다 저렴한 가격으로 링크가 제공된다면 더욱이 한정된 수량이라면, 소비자들의 구매 욕구는 바로 극대화될 수 있다. 그래서 이전에는 제품을 소개하는 단순 홍보 리뷰 영상이 중심이었다면 이제 매우 저렴한 가격에 한정수량을 판매하는 공동구매가 대세가 되고 있다. 물론 공동구매만이 정답은 아니다. 앞서 설명했듯이 내가 4년 전에 만들어 둔 영상에서 지금도 매출이 꾸준히 나오고 있다. 유튜브 영상의 수명은 결코 짧지 않다. 한 영상이 노출되고 10년 20년 후에도 매출을 만들 수 있는 게 바로 유튜브다. 오랜 기간 동안 자동으로 플레이되며 최대한 많은 사람들에게 제품을 판매할 수 있다. 결국 공동구매도 좋고 일반적인 영상을 통해 판매를 하는 것도 좋다. 자신의 채널에 맞는 방식을 통해서 진행을 할 수 있는 게 바로 직접 판매의 매력이고 유튜브의 매력이다. 평소에 자신이 좋아했던 제품을 소개하는 것만으로도 고수익을 올릴 수 있다. 그래서 일부 유튜버들은 자신이 좋아하는 제품들을 소개하고 그로 인해 판매가 발생할 때마다 어마어마한 수익을 누리고 있는 것이다.

유튜브 수익을 10배 늘리기 위해서는 영상의 개수를 10배 늘리는 게 정답일까? 절대 그렇지 않다. 효율을 조금만 높이게 되면 수익을 10배 늘릴 수 있기 때문에 그런 방법을 추천하고 싶다. 우리는 사람이고 업무를 하는 데 있어서 한계가 있기 때문에 효율을 올려야만 한다. 유튜브를 시작하시는 분들 중 많은 분들이 유튜브 광고만이 정답인 줄 알고 조회수를 올리기 위해 무리를 하게 된다. 기업의 협찬을 받아 진행을 한다고 하더라도 채널 규모에 맞지 않는 대우를 받으면서 기업의 요구사항을 지키다가 채널에 쓸 에너지를 모두 소진하고 지쳐서 유튜브를 더 이상 운영하지 못하는 사례도 많다. 물론 채널에서 정보성이 없는 영상만 계속 제공하게 되면 구독자들의 외면을 받을 수는 있다. 하지만 반대로 수익이 전혀 없는 상태에서 유튜브 채널을 계속 운영하는 것도 오래 유지하기 힘든 일이다. 유튜브 동영상 조회수로만 수익을 내려고 한다면 매일매일 10만 100만 단위의 조회수가 나오는 영상을 계속 올려야 된다. 하지만 그게 현실적으로 가능할까? 유명 유튜브 채널에서도 그 정도의 규모를 유지하기는 쉽지 않다. 그리고 많은 영상을 올리면 올릴수록 소재가 떨어지기 때문에 채널 운영에 문제가 생길 수밖에 없다. 영상 개수만 늘릴게 아니라 채널 성격에 맞는 제품의 협찬 또는 판매가 이루어지게 된다면 구독자를 위해서도 좋고 채널 운영자에게도 좋은 시너지를 얻을 수가 있다.

앞으로 더 많은 유튜버들이 공동구매를 통해서 더 큰 수익을 누릴 것으로 예상이 된다. 아마 한국에서는 이제 시작을 했기 때문에 앞으로 점점 규모가 커질 것이다. 이전에 생각했었던 수익의 규모와는 차원이 다른 규모가 될 것이다.

정말 쉬워진 유튜브 운영

유튜브 운영이 정말 어렵다고 생각을 하는 분이 많다. 내가 블로그를 처음 시작했었던 15년 전에는 블로그를 전문가들만이 하는 거라고 생각했다. 하지만 지금은 어떤가? 누구나 블로그를 하고 있다. 스마트폰을 통해서도 블로그를 계속하고 있고 블로그 관련 강의도 넘쳐난다. 그러다 보니 블로그가 훨씬 쉽게 느껴지기도 한다. 하지만 내 생각에 유튜브는 블로그보다 훨씬 쉽고 효율적이다. 영상 편집도 사실 수많은 버튼을 다 알 필요가 없다. 딱 몇 개만 15분 만에 배우면 유튜브 편집을 마스터할 수 있을 정도로 간단하다. 또한 텍스트 기반의 산업보다는 영상 기반의 산업이 앞으로 더욱 커질 것이 분명하다. 이런 블루오션에서 수익을 올리지 않는 분들이 안타까운 뿐이다.

많은 사람들이 유튜브에 대해서 세 가지 두려움을 갖고 있다. 첫째, 영상 편집에 대한 어려움, 둘째는 얼굴이 드러나는 것에 대한 두려움, 세 번째는 수익화가 어려워 포기하는 경우다. 영상 편집은 '프리미어'를 사용해도 쉽고 스마트폰 기능을 사용해도 간단하다. 그 방법을 알려드리겠다. 얼굴 공개가 도저히 어렵다고 생각하면 손과 제품만 나와도 된다. 심지어 영상을 편집해서 그냥 올려도 된다. AI 기술로 텍스트만 입력해서 영상을 만들 수도 있다. 수익화가 어려운 경우에는 경험이 부족해서 그럴 수 있는데 이제 유튜브 동영상 광고에 신경 안 써도 된다.

이 책에서 알려드리는 방법만 실행하면 구독자 100명이 안 되어도 협찬 제의는 물론 직접 판매에 따른 수익을 얻을 수도 있다. 유튜브 채널 구독자가 10만 명이라면 구독자 1만 명인 채널에 비해서 수익이 10배 높은 것이 아니다. 유용한 영상을 통해서 구독자 단 100명인 채널이 구독자 10만 명인 채널보다 더 많은 수익을 올릴 수 있다. 얼마나 실행력을 발휘하는지가 수익을 결정하는 것이다. 유튜브가 세상에 나온 지 벌써 10년이 넘었다. 관련 기술들은 너무 쉬워졌고 수익 사업 또한 크게 발전했다. 이제는 정말 실행을 하는 것만이 남았다.

왜 알리익스프레스를 수입원으로 만들어야 하는가

고용노동부에 따르면 현재 대한민국에는 12,823개의 직업이 있다. 그 많은 직업들 중 하나의 직업을 가진 사람들은 대부분 자신의 직업과 소득에 불만을 가지고 있다. 사람들이 원하는 일자리는 제한이 되어 있기 때문이다. 온라인상의 일자리 또는 수익원을 갖고 있는 사람들이 점점 늘어나고 있지만 그들 또한 많은 불안과 불만을 가지고 있다. 그래서 이제는 눈을 떠서 세계시장을 보아야 한다. 네이버 블로그의 광고 수익 정도에 목이 빠져라 매달려 달라붙어도 생계비가 해결되지 않는 과거의 흐름에 아직도 붙잡혀 있는 것은 아닌지 생각해 보아야 한다. 그래서 세계시장의 큰 흐름을 보라는 것이다.

인터넷에서 수익을 거두는 방법에 대해 앞에서 말했듯 수많은 도전과 실패를 거듭하며 깨달은 것은 알리바바 같은 거대 기업과 함께 하는 것이 안전하고 편리하다는 것이다. 알리바바그룹의 2023 회계연도 12월 분기 실적은 2,477억 5,600만 위안약 46조 5,976억 원의 매출을 기록했다.플래텀 https://platum.kr/ 또한 2022년 3월 31일까지 12개월 간 알리바바그룹의 글로벌 연간 소비자 수는 약 13억 1,000만 명에 달했으며, 이 중 중국 소비자는 10억 명, 해외 소비자는 3억 500만 명이었다.물류신문 http://www.klnews.co.kr 알리바바는 세계 최고의 온라인 기업이며 최근에는 직구 커머스인 알리익스프레스가 한국에 정식으로 진출을 했다. 2023년은 해외 직구의 원년이 되었고 2주일씩 걸리던 배송은 5일로 단축이 되고 한국어로 CS 상담과 AS까지 진행이 되는 등 혁신이 일어나고 있다.

이제 우리는 수익을 얻을 수 있는 단순한 방법을 선택하면 된다. 바로 자신이 만든 링크 하나로 소비자들이 해외 직구를 하도록 만들면 되는 것이다. 이 방법은 쇼핑몰처럼 상담을 할 필요도 없고 구매 이후에 AS를 신경 쓸 필요도 없다. 그냥 소비자들이 자신의 링크를 거쳐 가기만 하면 되는 것이다. 나는 이전에 쿠팡 파트너스로 활발한 활동을 해왔다. 하지만 알리익스프레스가 출시된 이후부터는 더 많은 커미션과 높은 구매 전환율이 일어나고 있는 알리 어필리에이트에 주력하고 있다. 여러분들도 기존에 해오던 블로그 활동이나 유튜브 카카오 페이스북 등 각종 SNS를 통해서 알리익스프레스 링크 하나만으로 쉽게 수익을 올리는 방법으로 전환해야 한다.

인터넷으로 부업만 할 생각 하지 마라

오프라인 경기가 둔화되기 시작하면서 인터넷으로 부업을 하는 분들이 정말 많다. 인터넷 부업을 아래의 5가지 기준이 없이 시작하게 되면 귀한 시간만 날릴 수 있다. 지금 당장의 수익보다 기초를 잘 닦아서 사업을 굴러가게 만들어 꾸준히 수익이 들어오도록 만드는 것이 더 중요하다. 그래서 이 5가지 기준을 알아야 한다.

첫 번째, 아이템 선정이다. 창업이든 부업이든 아이템을 선정할 때는 타이밍도 중요하다. 너무 빨리 진입해도 안 되고 너무 늦게 진입해도 안 된다. 그리고 현재 같은 불경기에는 세계 1위 기업과 관련된 아이템을 선정하는 것이 중요하다. 물론 온라인시장에서는 네이버가 우리나라에서 1위 검색 사이트이기 때문에 최고의 아이템이라고 생각하시는 분들이 많은데, 국내에서 앞으로 구글이 네이버를 추월할 가능성이 높다고 생각한다. 10년 전만 하더라도 우리나라의 검색 영역에서 구글의 점유율은 정말 낮았지만 지금의 10대, 20대는 구글을 많이 사용하기 때문이다. 네이버는 하락 중이고 구글은 상승함으로써 조만간 역전될 가능성이 높다. 역전이 시작되면 우리가 지난 온라인 역사에서 배웠듯, 다음이 추락하면서 네이버가 역전을 한 것과 비슷한 상황 보이게 될 것이다. 이제 몇 년 남지 않은 것 같다. 네이버는 최근 검색 영역의 광고뿐만 아니라 블로그 카페 댓글까지 광고로 넘쳐나고 있다. 그런 이유에서 객관적 정보를 원하는 사람들에게 외면을 받고 있다.

인터넷 없이는 살 수 없는 세상이 되면서 수익화 아이템 역시 오프라인뿐만 아니라 온라인을 연계하는 것이 중요한 시대가 되었다. 결국 구글과 연동하여 수익 아이템을 만드는 것이 중요하게 된 것이다. 나 역시 모든 수익 아이템은 구글과 연동하고 있다. 한국 사람들은 잠자는 시간을 제외하고는 모두가 유튜브만 하고 있다고 해도 과언이 아니다. 앞으로도 유튜브 시장은 더욱 커질 것이다. 유튜브는 현재 정보를 제공하는 동영상 서비스지만 앞으로는 사람들의 다양한 생활 영역 깊숙이 파고들 것으로 보이기 때문이다. 최근에 내가 직접 제안받은 부분이 유튜브 라이브 커머스이다. 지금까지 유튜브는 동영상만 공유를 해주는 정도의 서비스에 머물렀었는데 이제는 그것에 만족하지 않고 라이브 커머스와 기타 산업을 합치려는 시도를 하고 있다. 그래서 유튜브를 활용한 산업은 아직 시작도 되지 않았다고 말할 수 있다. 이제는 수많은 글로벌 기업들이 더 많은 이익을 콘텐츠 생산자에게 공유해 줄 것이다.

만일 여러분들께서 사업 혹은 부업 아이템이 있다면 반드시 유튜브와 연동을 해야만 된다. 과거에는 단순 리뷰 정보만을 제공하는 것이었다면 현재의 유튜브에서는 영상을 통한 판매 서비스를 제공할 수 있기 때문이다. 우리는 영상 조회수당 2원의 수익에 절대 만족해서는 안 된다. 판매가 되었을 때 받는 커미션은 최대 9% 혹은 그 이상 받을 수 있는 시장이 시작되었기 때문이다.

앞서 말한 것처럼 창업과 부업 아이템은 내가 일하지 않는 시간에도 계속해서 수익이 늘어나야 된다. 내가 일하지 않는 순간에도 구독자가 계속 늘어나면서 나의 영향력이 갈수록 커지는 그런 아이템을 선택해야 된다. 예전에는 자본과 아이디어가 결합해서 공장을 만드는 것이 사업이었다. 고용주는 노동자들에게 돈을 주면서 계속해서 수익화 사업을 진행해 왔다. 누군가 나의 일을 대신해 줄 수 있는 그런 산업이 시작된 것이다. 그러나 이제는 스마트팩토리나 로봇 AI까지 생기기 시작하면서 사람들의 일자리를 위협하고 있는 상황이 되어 버렸다. 따라서 내가 더 많은 일을 하면서 수익을 얻는다는 생각은 매우 위험하다.

여러분이 사업과 관련되어 있는 영상을 업데이트하면 유튜브에서 환영한다. 오늘 올린 영상이 4년 뒤 그리고 10년 뒤까지 수익을 내면서 계속해서 물건이 팔린다면 어떨까? 그것만큼 즐거운 일은 없을 것이다. 하루에 하나씩 영상이 쌓일 때마다 영상들이 계속 돌아가고 수익은 계속해서 발생하게 될 것이다. 이러한 상황이야말로 최고의 창업아이템이 될 것이다.

두 번째는 투자다. 창업 혹은 부업을 하기 위해서는 반드시 투자가 필요했다. 하지만 이제는 그런 직접적인 투자가 아니라도 사업이 가능한 시대가 되었다. 과거에 물건을 팔려고 생각하면 먼저 매장을 열어야 했다. 그리고 물건을 진열하고 창고에는 재고를 확보해 두어야 했다. 이 모든 것은 비용 투자가 들어가게 된다. 한두 푼이 아니다. 물론 이렇게 해도 사업이 잘 되는 곳들이 있을 수 있다. 그러나 요즘에는 종로만 가더라도 공실에 임대 딱지가 붙어 있는 상가들이 허다하다. 유동인구도 많지 않다. 사람들은 걸어 다닐 때도 스마트폰을 본다. 그런 상황에서 매장을 차려놓고 손님을 기다린다면 어떻게 될까? 손님들이 물건을 봐야 물건이 팔릴 텐데 그 물건을 제대로 봐주지 않는다. 그리고 부동산 버블로 인해서 임대료는 말도 못 하게 비싸다. 이러한 방식은 모두 과거의 일이 되어버렸다.

투자는 컨트롤 c와 컨트롤 v면 충분

이제 투자는 컨트롤 c와 컨트롤 v면 충분한 시대가 왔다. 인터넷에 있는 상품 페이지만 캡처해서 올린다고 하더라도 수익을 얻을 수 있기 때문이다. 투자 수익은 회수하는 게 가장 중요한데 투자금 없이 수익만 얻을 수 있다면 최고의 투자 대상이 될 수 있을 것이다. 유튜브와 캡처 그리고 알리어필리에이트를 진행하는 것은 모두 무료다. 이렇게 무료 아이템을 활용해서 바로 수익화할 수 있는 방법이 있는데 굳이 많은 실물 투자를 하는 것은 경쟁력있는 방법이 아닌 것이다. 이미 온라인 시장에는 수요자들이 확보되어 있고 매년 급성장하고 있기 때문에 수요자를 따로 확보할 필요가 없다.

가장 큰 투자가 바로 시간이다. 시간을 가장 소중하게 생각해야 한다. 여러 가지 부업을 하려고 하면 안 된다. 부업을 검색하다 보면 정말 많은 아이템들이 눈에 들어오고 쉬워 보일 수도 있다. 하지만 절대 그런 것들로 시간 낭비해서는 안 되고 장기적으로 수익을 올릴 수 있는 것에만 집중해야 한다. 요즘 인터넷에 있는 방법들은 실행하는데 시간이 얼마 걸리지 않는다. 그럼에도 선택과 집중을 해야 되는 이유는 바로 누적에 의한 브랜드 파워 때문이다.

지금 당장 일을 해서 100만 원을 받았다고 가정을 해보자. 그 100만 원은 받아서 쓰면 끝이다. 하지만 내 브랜드가 만들어져서 이름값 하나만으로 이번 달에 100만 원이 들어오고 다음 달에도 100만 원이 들어오고, 계속해서 이어질 수 있다면 그만큼 확실한 수익은 없을 것이다. 무슨 일이 있더라도 브랜드를 만들고 팔로워를 늘리는 작업을 해야 한다. 그렇게 되면 장기적으로 수익은 점점 커지며 스스로 굴러가게 되고 줄줄이 굴비처럼 다양한 사업을 시도할 수 있는 기회가 열리게 된다.

너무 여러 가지 기술을 적용해 힘을 분산해서 운영을 하게 되면 실력이 쌓일 기회조차 없어진다. 나의 실패담에서 가장 큰 원인은 바로 집중력 부족이었다. 생계를 해결해야 하니 더 시간 투자를 길게 할 형편이 안 되기도 해서 몇 달 더 참고 끌고 가지 못하고 여기 기웃 저기 기웃하다가 이도 저도 아닌 경우가 되어버린 일도 있었다. 처음에는 다른 사람들의 수익을 보면서 나도 저렇게 수익을 얻었으면 좋겠다는 마음으로 시작을 하지만 생각만큼 수익이 빨리 나지 않으면 너무 쉽게 스스로 포기하는 경우가 많다. 그러므로 쉽게 포기하지 않기 위해서는 함께 할 기업이 얼마나 탄탄한지 내가 노력해서 만들어낸 아이템이 누구나 카피할 수 없는 그런 진입장벽을 만들 수 있는 일인지 꼭 생각해 보아야 한다.

유튜브는 동영상 광고 수익을 정해진 날짜에 지급한다. 알리어필리에이트 역시 실시간으로 집계가 되면서 따박따박 수익이 들어오게 된다. 이런 기업들과 함께 할 때 장기적으로 안정된 사업을 할 수 있다. 10년 뒤에도 건재할 기업이라는 것은 누구나 잘 알 것이다.

세 번째로는 마케팅이다. 마케팅을 진행하면 일이 순조로워진다. 또한 이제는 마케팅 기술을 갖고 있으면 내가 직접 물건을 팔지 않아도 수익을 얻을 수 있는 시대가 되었다. 마케터들은 어떤 곳에 얽매이지 않고 일을 할 수 있는 전성기가 시작되었으며 판매자와 소비자를 연결해 주는 역할만 해도 수익을 많이 올릴 수 있게 되었다. 그동안 국내 기업들은 콘텐츠 생산자에게 수익 쉐어링을 해주는 것에 대해 매우 인색했다. 서비스를 제공하는 사이트에서 모든 권한과 수익을 가져가다시피 했다. 하지만 이제는 시대가 달라졌다. 글로벌 기업들이 먼저 마케팅의 가치를 인정하기 시작한 것이다. 중요한 콘텐츠를 생산한 사업자들은 모두 글로벌 서비스로 이동하게 될 것이다. 그리고 마케팅 역시 단순한 호객행위로만 생각하는 시대는 저물어 간다. 기존의 방식은 사람들의 소중한 시간을 빼앗아 왔다. 앞으로는 진정으로 소비자를 생각하는 사업들이 성공할 것이다. 이렇게 되면 개인이 만든 브랜드를 통해서 자동으로 판매가 이루어지며 온라인 마케팅을 직업으로 삼는 개인들의 여가 시간도 늘어날 것이다.

치열한 키워드 분석과 경쟁이 줄어들고, 단순히 최저가로 경쟁하는 제로섬 게임도 옛날이야기가 될 것이다. 이제는 그런 검색어 전쟁이 아니라 태그의 설정과 얼마나 앞으로 사람들에게 기대감을 줄 수 있는지의 여부 즉, 기대감 마케팅의 중요성이 강화되는 시대가 될 것이다. 그러나 만약에 소비자들에게 기대감만 주고 현저히 떨어지는 품질의 서비스나 재화를 제공하게 된다면 그것은 사기가 된다. 반대로 기대감을 뛰어넘는 것들을 계속해서 제공하게 되면 자연히 많은 사람들이 알게 되고 공유하게 되어 전 세계에 퍼지는 아이템이 될 것이다. 따라서 자신이 투자한 시간이 헛되지 않도록 5년 10년 뒤에도 수익을 창출할 수 있도록 사업을 기획하는 것이 중요하다. 마찬가지로 사람들에게 심어준 그런 기대감은 오랜 기간 동안 수익 사업을 운영할 수 있는 원동력이 될 것이다.

이런 기대감을 가장 잘 활용한 기업이 바로 테슬라다. 전기차는 스스로 업그레이드 되면서 소비자들에게 새로운 기능을 제공하고 다음 업데이트를 기다리게 만든다. 아이폰 역시 업데이트를 통해서 구형 스마트폰에도 새로운 기능이 작동할 수 있도록 해준다. 우리도 마찬가지로 소비자들이 이런 기대감을 가질 수 있도록 기대감과 새로운 서비스를 제공해주어야 한다. 필자가 알리어필리에이트를 시작하고 적극적으로 추천하게 된 계기도 이런 이유와 비슷하다. 네이버 스마트스토어나 쿠팡, 옥션에서 제품을 구입할 때는 소비시장이 적다 보니 상품의 종류가 제한적이었다. 하지만 알리익스프레스에서는 국내에 없는 재미난 물건들이 계속 출시가 되면서 소비자들이 기대감을 갖고 상품을 찾아보게 한다. 세계를 상대로 판매 하다 보니 상품의 가짓수가 국내 스토어와는 비교가 될 수 없다. 자신이 스스로 기대감을 갖는 서비스라면 다른 사람에게 소개하기에도 훨씬 더 수월하다. 그리고 자신이 다른 사람들에게 소개할 때 그 사람이 다른 판매처에서 살 때보다 더 저렴하게 구입할 수 있도록 해주는 것도 큰 메리트가 된다. 거기에 더해서 소비자들에게 쿠폰을 통해서 더 싸게 살 수 있게 한다는 점 등 모든 과정들이 소비자들에게 기대감을 갖게 하기에 충분하다.

네 번째는 고객 서비스다. 고객 서비스는 당연히 중요하다. 그러나 온라인 사업자가 그 모든 것을 다 하기에는 무리가 있다. 그래서 그런 일들은 판매회사에서 진행하고 우리는 소개만을 통해서 커미션을 받게 된다. 가장 중요한 고객 서비스는 영상 안에 모두 포함해야 하는데, 고객에게 가장 중요한 것은 새로운 경험이다. 프로의 시대는 얼마나 사람들에게 재미를 선사해 주느냐가 중요하다. 소비자들이 기대하는 것은 대단한 것이 아니다. 유튜브를 시청하는 사람들은 무료한 시간을 즐겁게 보내거나 바쁜 일상 속에서 즐거움을 추구하기 위해서 유튜브를 활용하게 된다. 그러므로 유튜브의 본질을 이해하고 구독자가 원하는 서비스를 제공하는 것이 중요하다. 기대감을 갖게 하고 재미있는 콘텐츠 서비스를 통해서 이용자들이 구독하게 하고 팔로우하게 하는 것이 가장 중요하다. 이것만 명심하고 잘 응용하면 구매율을 강력하게 올릴 수 있다.

다섯 번째는 실행이다. 알리어필리에이트로 가입하고 활동을 하는 것뿐만 아니라 다른 온라인 사업도 마찬가지인데, 실행이 중요하다. 앞에서 설명한 4가지 기준을 결합해서 계속해서 성장을 해야 한다. 성장에는 반드시 실행이 필요하다. 알리어필리에이트도 가입을 했고 유튜브 채널도 갖고 있다면 재미있는 영상을 계속 올리는 데 주력해야 한다. 한 가지 길을 보고 계속 실행해 나가야 한다. 다른 여러 가지 관심사에 눈을 돌리며 좌충우돌하다 보면 결국 또다시 이런저런 일자리를 찾는 시간만 낭비할 수 있다. 복잡한 생각보다는 실행하고 또 실행하면 된다.

영상 한 두 개만으로 구독자 1000명을 모을 수 있는 노하우

유튜브 채널을 운영하는 분들 중에 무조건 영상을 많이 올려야만 구독자를 모을 수 있다고 생각하는 분들이 생각보다 많다. 영상한 두 개만으로 구독자 1000명을 모을 수 있는 노하우 3가지를 알려드리겠다. 앞에서도 이야기했듯이 일단 유튜브를 시작해야 하는 이유는 명확하다. 가장 쉽고 가장 유망한 미디어이기 때문이다. 유튜브 자체 수입, 제품 협찬, 브랜디드 광고, 알리익스프레스 링크 공유만으로 커미션 9%까지 얻을 수 있는 알리어필리에이트 활동 등 수익 파이프라인을 5개 이상 만들 수 있기 때문이다.

유튜브 구독자를 많이 모을 수 있는 방법을 알기 위해서 먼저 유튜브 영상을 만들 때 주의할 점이 있다. 바로 트렌드가 바뀌었다는 것이다. 영상을 만들어 그냥 올리는 시대는 저물어 가고 있다. 딱 3가지 주제 안에 들어가게 되면 유튜브는 성공할 수밖에 없다. 첫째 유용한 정보가 담긴 영상, 둘째 재미있는 시간을 보낼 수 있는 웃기는 영상, 셋째 부조리를 고발하는 영상 등 세 가지가 지금 대세이며 조회수가 가장 잘 나온다. 대부분 성공한 유튜버들은 이 세 가지 기준을 잘 지켰기 때문에 성공한 것이다. 자세한 설명을 드려보겠다. 나도 이 방법으로 구독자 0명에서 단 두 개의 영상만으로 구독자 1000명을 돌파할 수 있었다.

첫째, 주제 선정이다. 앞에서 설명한 세 가지 주제 중에 유용한 정보를 담은 영상 제작을 가장 추천드린다. 그 이유는 일단 채널의 이미지가 좋아지기 때문이다. 두 번째 이유는 협찬 및 제휴가 잘 들어오기 때문이다. 거기에 더해서 사람들에게 유용한 정보를 주기 때문에 구독자가 계속 늘어날 수밖에 없다. 사람들은 기대감과 긍정적인 피드백을 아끼지 않는다. 만약에 협찬 및 제휴를 많이 받고 싶다면 되도록 긍정적 경험을 했던 것을 찾아서 정보를 제공하는 것이 좋다. 그리고 한 가지 더 팁을 드리자면 계절성 같은 내용을 담는 것이다. 여름이 다가오고 있다면 선풍기, 에어컨, 제빙기, 제습기 등 여름 관련 계절상품들의 조회수가 잘 나오고 실제로 협찬도 많이 들어온다. 이렇게 계절성 있는 정보를 올리게 되면 단기간에 조회수를 높일 수 있다.

둘째, 영상의 섬네일이다. 유튜브에서는 요즘 더욱더 섬네일의 중요도가 높아졌다. 그냥 아무것도 없는 이미지에 글자 한 줄 넣는 섬네일이 있는데, 이미 수십만 수백만 구독자가 있는 유명 유튜버가 아니라면 이런 방법은 추천하지 않는다. 일단 가장 좋은 방법은 섬네일에 이미지를 넣고 두 줄 제목을 다는 방법이다. 물론 제목 내용도 중요하다. 섬네일을 봤을 때 클릭할 확률을 20%까지 올릴 수 있어야 한다. 클릭률이 10%에서 20%, 그러니까 100명이 봤을 때 10명에서 20명이 클릭할 수 있는 클릭률을 만들어야 한다.

셋째, 영상의 기획이다. 많은 분들이 유튜브를 시작하고 나서 오래 하지 못하고 실패하는 이유는 주제가 정말 좋고 섬네일이 좋다고 하더라도 기획에서 실패했기 때문이다. 사람들이 영상을 클릭했지만 내용을 보지 않고 나간다면 유튜브는 그 영상의 존재를 숨겨버린다. 계속 더 많은 사람들이 보도록 노출해 줄 이유가 없기 때문이다. 그래서 영상을 최대한 짧게 만들어야 한다. 시청자들이 영상을 보다가 지루해질 타이밍에 끝나면 중간에 나가지 않기 때문이다. 영상의 길이가 길어지고 내용이 반복되는 것 같으면 시청자들은 지루해져서 완독하지 않는다. 이렇게 클릭했던 시청자들이 중간에 계속해서 빠져나가면 알고리즘에 엄청나게 큰 악영향을 미치게 된다.

지금 유튜브를 시작하겠다고 하면 주변에서 유튜브는 이미 레드오션이라며 말리는 사례들이 많다. 이렇게 말리는 분들은 아마 수익화 연구를 해보지 않은 분일 것이다. 현재 아무리 구독자가 적다고 하더라도 월 수익 300만 원 정도는 만들어 낼 수 있다. 예를 들어서 앞에서 설명한 5가지 수익원에서 제품 협찬 100만 원, 광고 수익 100만 원, 알리어필리에이트로 100만 원 등 수입 다각화를 통해서 수익을 만들 수 있다. 유튜브 채널을 운영하면서 구독자를 모으지 못하고 수익을 얻지 못하는 것은 내가 설명드린 간단한 원리들을 지키지 않기 때문이다. 구독자를 얻지 못하고 수익을 얻지 못하면 재미가 없어서 그만둘 수밖에 없다. 놀라운 점은 대부분의 사람들은 유용한 콘텐츠를 하나씩 갖고 있다는 것이다. 요리, 재단, 패션, 낚시, 등산, 세무 등 이루 말할 수 없이 많은 영역에서 자신만의 노하우를 갖고 있는데, 안타깝게도 유튜브의 기본 알고리즘을 모르기 때문에 시간과 기회를 날리고 있다.

유튜브에서 광고수익을 올리는 방법

인터넷으로 돈을 벌려고 시작하시는 분들은 대부분 수익화에 실패한다. 나도 마찬가지였다. 그렇다면 인터넷으로 크게 수익을 올리는 사람들은 특별하게 무엇을 잘해서 그런 것일까? 그렇지 않다. 맞는 방법을 통해서 계속 실행해 나갔기 때문이다. 그래서 제대로 된 방법만을 선택해서 집중하다 보면 수익을 올리는 게 쉽게 느껴질 정도가 된다. 그중 유튜브에서 광고수익을 올리는 방법은 세 가지가 있다.

첫째, 자신의 카테고리를 최대한 좁혀야 한다. 유튜브에서 광고 제안을 받는 것은 어렵지 않다. 왜냐하면 기업들은 마케팅 비용이 책정되어 있지만 누구한테 그것을 전달해야 될지 몰라서 오히려 찾고 있는 중이기 때문이다. 그래서 기업들은 마케팅 대행사를 통해서 폭넓게 광고 매체를 찾기 위해 노력한다. 나는 처음 유튜브를 통해서 광고 제안을 받고자 했을 때 타깃부터 정하고 그와 관련되어 있는 영상들을 올리기 시작했다. 결국 그 카테고리와 관련되어 있는 구독자를 얼마나 얻느냐의 싸움이 유튜브 광고의 핵심이다. 대부분 유튜브 구독자를 모으기만 하고 수익화 사업을 실패하는 이유가 바로 이런 핵심을 알지 못하기 때문이다.

스마트폰 영상을 만들다가 갑자기 브이로그를 올리고 어느날은 이슈 이야기를 하는 등 중구난방식 콘텐츠를 만들다 보면 광고 제안을 받을 정도의 집중력 있는 매력적인 콘텐츠를 만들지 못하게 된다. 막연히 광고 제안이 들어오길 기다리는 게 아니라 내가 제안 받고자 하는 광고의 타깃을 명확하게 정한 후 매력적인 환경을 조성해야 한다. 중구난방으로 콘텐츠를 생산하면 광고 단가도 낮을 수밖에 없다. 왜냐하면 그 콘텐츠와 직접 관련되어 있는 사람들이 보지 않게 되고 집중력 있게 시청해 줄 수 있는 구독자가 적기 때문이다. 나의 몸값을 올리기 위해서는 내가 광고 제안을 받고 싶은 그 분야 카테고리를 콱 물어서 그 내용을 중심으로 유튜브 채널을

1장. 지구는 세모다

운영해야 한다. 그러면 같은 구독자수의 다른 채널들보다 광고단가를 몇 배까지도 더 받을 수 있다. 유튜브 자체의 동영상 광고는 단가가 정해져 있지만 이렇게 기업에서 들어오는 광고 제안은 그 비용을 채널 운영자가 정할 수 있다.

만약에 김연아 선수가 피겨만을 타는 게 아니고 요리 연구를 시도했다가 카페를 차렸다가 브이로그를 찍었다가 공무원시험 준비를 하는 등 중구난방식으로 본인의 인생 카테고리를 짰다면 어떻게 됐을까? 아마 지금처럼 대단한 김연아만의 브랜드가 완성되지 않았을 것이 틀림없다. 유튜브를 시작한다면 카테고리를 잘 선택하고 집중하는 것이 정말 중요하다. 유튜브를 통해서 수익을 얻는다는 것은 단순히 구독자를 모으기 위한 행위만은 아니다. 구독자수에 비례해서 수익도 높아진다는 생각은 틀렸다. 왜냐하면 구독자가 몇십만 명이 되어도 수익화 사업을 진행하지 못해서 유튜브 운영을 포기하는 분들이 많기 때문이다. 심지어 구독자 1000명 유튜버가 구독자 10만 명 유튜버보다 더 많은 수익을 올리는 것이 바로 유튜브 시장이다. 제일 중요한 것은 효율이지 누가 영상을 더 많이 만들어내는가는 그 다음이다.

카테고리에 집중하라고 강조했는데, 초보자들이 많이 하는 실수는 경쟁이 치열한 카테고리만을 선택하는 것이다. 그런 쪽으로 방향을 잡으면 정말 '고인 물'이 많다. 이미 선수들이 자리를 차지하고 있기 때문에 오프라인과 마찬가지로 경쟁자들보다 더 틈새 시장을 더 파고들어야 한다. 예를 들어서 테크 유튜버들이 가전제품, 스마트폰, 스마트 기기처럼 넓은 카테고리를 선점하고 있다면 새로 시작하는 분들은 훨씬 더 좁게 시장을 형성해야 한다. 학부와 석박사과정의 차이는 같은 내용을 배우지만 얼마나 좁고 깊게 연구하느냐다. 지금 시작하더라도 정말 세분화된 콘텐츠 카테고리를 선정하게 되면 훨씬 더 전문가처럼 높은 단가로 광고를 진행할 수 있다.

카테고리를 잡고 운영해 나간다는 게 어렵게 느껴질 수도 있다. 처음에 다른 사람들한테 상품에 대해 유용하게 설명을 하려고 하면 어떻게 해야 될지 막연할 수 있는데 너무 넓은 지식들을 한 번에 공부하려고 하지 말고 평소에 사용하고 있는 제품들 중에서 분야를 좁혀 들어가서 선택하면 된다. 막연하게 가전제품을 소개하는 게 아니라 공기청정기, 에어컨, 그리고 청소기처럼 일상적으로 많이 사용되고 있지만 완전히 전문적인 지식으로 채널을 운영하는 사람들이 없는 영역을 집중 공략하게 되면 그와 관련되어 있는 기업들에서 반드시 연락이 오게 된다. 만약에 이것보다 좀 더 좁게 운영을 하고 싶다면 공기청정기 대신 필터에 대해 집중하는 것도 좋다. 이렇듯 좁은 영역을 집중해서 정보를 제공하게 되면 유튜브라는 매체의 성격에 가장 잘 맞는 강력하고 매력적인 콘텐츠를 만들 수 있다. 한국에는 사계절이 뚜렷하기 때문에 계절 가전 시장이 매우 큰 편이다. 유럽 같은 경우에는 덥더라도 에어컨을 사용하지 않고 춥더라도 난방기를 잘 사용하지 않지만 한국에서는 에어컨은 물론이고 각종 계절 가전제품들의 수요시장이 굉장히 크다.

둘째, 첫 광고를 받게 되면 다음 광고도 쉽게 연결된다. 처음 광고를 받은 회사가 아무리 작은 곳이라고 하더라도 경쟁회사에서 또 광고를 의뢰할 가능성이 높다. 첫 번째 광고 하나만 뚫리게 되면 여러 회사에서 콜라보를 받게 되는데 영상을 만들 때 집중력을 높여야 한다. 첫 광고를 계약하고 잘 진행하게 되면 같은 회사에서 다음 광고도 의뢰할 가능성이 높다. 예를 들어서 세탁기 1의 광고를 진행했다면 세탁기 2 세탁기 3 등 새로운 버전의 제품 광고를 시리즈처럼 계속 맡게 될 가능성이 높다. 앞에서 말했듯이 경쟁사에서도 연락이 오기 때문에 첫해에 내가 광고를 하나 찍었다면 다음해 부터는 10개, 20개를 찍을 수 있는 게 바로 유튜브 시장이다. 전문적인 콘텐츠가 아니고 너무 잡다한 이야기로 집중력이 떨어지는 채널에는 기업들이 협찬도 하지 않는다. 그래서 자신만의 이야기를 매력적으로 집중력 있게 진행하는 것이 중요하다. 만약에 채널 규모가 작고 구독자수가 적더라도 그 분야에 관심이 높은 구독자들이 좋아하는 채널이라면 기업들도 관심을 가지고 협찬할 의향이 높아지게 된다.

그렇다면 기업 협찬을 받을 수 있는 방법은 무엇일까?

첫째, 생활 중심 설명을 반드시 넣을 것. 대부분 생활 중심에 대한 이야기보다는 피상적인 이야기를 많이 하게 되는데 그렇게 되면 꼭 이 채널에서만 들을 수 있는 내용이 아니라 다른 채널에서도 들을 수 있는 내용이 섞여있기 때문에 콘텐츠의 매력은 떨어질 수밖에 없다. 그래서 반드시 자신이 평소에 제품을 사용하면서 느꼈던 불편 사항을 꼭 한 가지 이상 넣는 게 중요하다. 그런 문제를 보완한 제품을 소개하는 것이 구독자들의 관심을 끌고 제대로 된 정보라고 느껴지게 할 것이다. 기업들이 협찬을 해주는 이유는 그들이 TV 같은 광고 매체를 선택하기에는 비용이 너무 많이 들기 때문이다. 수 천만 원 단위로는 광고를 제작할 수도 방송매체를 선

택할 수도 없다. 수억 원의 모델료와 수억 원의 광고방송을 편성해
도 그 광고가 어느 정도 효과가 있는지 파악을 하기도 어렵다. 그
래서 최근에는 기업들이 유튜브 채널에 제품을 협찬하거나 비용을
협찬하는 경우가 많다. 알리어필리에이트 프로그램을 활용해서 수
익을 얻다 보면 서서히 협찬 메일이 날아오기 시작할 것이다. 이럴
때는 채널에 비즈니스 메일을 노출하게 되면 수월하게 협찬을 받는
경로를 형성할 수 있다. 협찬을 받을 땐 이런 이메일을 받게 된다.

'000 유튜버 님 안녕하세요. 저희는 000이라는 가전제품 회사입니
다. 평소에 000 님의 유튜브 채널을 구독하고 재밌게 보고 있습니다.
이번에 저희 회사에서 나온 000라는 제품이 000 유튜브 채널과 잘
어울리는 것 같아서 저희 제품 영상 제작을 부탁드릴 수 있을지 문
의 드립니다. 제품 제공을 조건으로 제작을 원하며 만약 관심이 있
으신 경우 제품을 받을 주소를 알려주시면 저희가 보내드리도록 하
겠습니다. 제작된 영상은 저희 쇼핑몰에 활용될 수 있음을 꼭 인지
하시길 바랍니다.'

보통 제품 제공을 목적으로 하는 경우에는 채널의 규모가 작거
나 제품의 가격이 고가인 경우다. 영상 업로드를 위해 계속해서 제

품을 구입하는 것에 부담을 느끼는 유튜버들에게는 기회가 될 수 있다. 그리고 "만일 따로 제작비를 받으시는 경우엔 편하게 조건을 말씀해 주세요"라는 내용이 추가되면 비용을 함께 제공한다는 것을 의미하는데 모든 기업이 비용을 제공하는 것을 조건으로 영상 의뢰를 하지는 않는다. 이렇게 되면 채널 규모가 큰 유튜버들은 이전부터 해왔던 기준에 따라서 금액을 제시하게 되지만, 처음 제안받은 경우라면 자신이 생각하는 제작비용을 기준으로 답을 해 주면 된다. 협찬을 받게 되면 여러 가지 제약사항이 생기게 되는데 가장 주의해야 하는 부분이 영상에 대한 저작권이다.

둘째, 제품에 대한 확신이다. 자신이 사용해 보고 만족할 수 없다면 반드시 협찬 상품을 반품하고 리뷰를 취소해야 한다. 때로는 협찬 제품을 반품하고 나서 제품의 문제점을 파헤치는 영상을 만들어 주목받고 싶어 하는 경우도 있는데 그것은 대단히 위험하다. 자신은 협찬 영상을 만들기 위해서 촬영을 하는 프로 마케터이며, 다큐멘터리를 찍겠다고 진행하는 프로듀서가 아님을 꼭 명심해야 한다. 제품의 문제를 고발하는 반 기업적인 성향을 띠는 유튜브 채널이 되면 아무래도 기업 쪽에서는 기피하는 채널이 되어서 더이상 협찬을 받기 어려울 것이다. 최대한 즐겁게 유용한 정보를 올리는 것에 항상 집중해야 한다.

셋째, 블로그 습관을 버려야 한다. 유튜브는 블로그와 다르다. 그래서 키워드에 목숨을 걸 필요가 없다. 현재 네이버 검색엔진은 세계에서 가장 뒤처져 있는 검색 엔진에 해당한다. 심지어 30년 전 알고리즘과 크게 다르지 않다. 만약에 하나의 콘텐츠를 만드는 데 몇 년이 걸릴 정도의 엄청난 콘텐츠를 만들었다고 하더라도 검색 영역에서 최신 정보에 밀릴 수 있는 위험이 있다. 그래서 계속해서 최신 정보에 밀리는 그런 제로섬 게임에 참여할 수밖에 없다. 지금까지 이런 뺏고 뺏기는 것에 익숙해지다 보니 키워드에 목숨을 걸어왔다. 이제는 그럴 필요가 없다. 키워드에만 신경 쓰기보다는 차라리 영상을 제대로 만들어서 알고리즘의 선택을 받는 것이 중요하다. 나 또한 네이버로 수익을 얻었을 때는 돈이 되는 키워드를 따로 엑셀 파일로 저장해서 수익화 사업을 진행했었다. 구글 검색 엔진 역시 키워드 자체만을 고민할 시간에 차라리 어떠한 분야를 집중할지 키워드 카테고리를 제대로 세우고 나만의 이야기를 맞춤 설계로 짜내는 것이 훨씬 더 중요하다. 사람들이 나의 계정에 접속을 한 후에 다양한 경험과 긴 체류시간을 가지며 공유할 만한 고급 콘텐츠를 만드는 것이 저절로 수익이 일어나게 하는 방법이 될 수 있다. 만약에 키워드 전쟁에서 승리한 후에 돈을 벌고자 한다면 유튜브를 할 필요가 없다. 그냥 네이버 블로그를 하면 된다. 하지만 앞으로 몇 년 뒤에도 과연 그 방법이 유효할지는 확신할 수 없고 오히려 그렇지 않을 가능성이 훨씬 더 높다. 키워드가 아닌 콘텐츠 설계 그리고 카테고리 설계를 하는 것이 인터넷으로 돈을 벌기에 훨씬 더 유익한 방법이 될 수 있다. 내가 정말 쉽게 말할 수 있고 잘할 수 있는, 100개 콘텐츠도 만들 수 있다고 생각하는 분야를 선택해야 한다. 당장 100개를 만들라고 하면 만들 수 있는 사람은 없다. 계속 만들어가면서 지식을 쌓아가고 발전시켜서 100개도 가능해질 수 있다는 생각이 드는 분야를 선택하라는 것이다.

취미를 활용해 구독자 0명으로 월 수익 80만 원을 만들다

어떤 수익 창출 아이템이든 그 안에 반드시 특정 산업이 존재한다. 나의 유튜브 채널에 구독자가 한 명도 없을 때 영상 하나 올려놓은 것이 80만 원의 수익을 발생시킬 것이라고는 생각조차 못했다. 채널 이름은 '알리 아울렛'이다. 이 이름에는 두 가지 의미가 담겨있다. 알리익스프레스는 이미 국내에서 어느 정도 인지도가 있던 때여서 '알리'라는 두 글자만 들어도 사람들은 알리익스프레스를 떠올릴 수 있게 되는 정도였다. 아웃렛은 풍부한 물량과 그리고 저렴한 가격 의미한다. 그래서 그 두 가지를 결합하여 '알리 아울렛'이라 이름 지었다.

그리고 제품을 선정할 때는 가장 중요한 것이 가성비다. 가격이 높은 제품들은 배송이 어렵고 관세 등의 문제로 인해서 해외 직구에서 많이 찾아볼 수 없는 아이템이기도 하다. 나는 시계를 선택했다. 나는 가난했던 시절에도 늘 명품시계에 관심이 많아서 전문적인 부분까지 공부할 정도였기 때문이다. 좋은 시계라고 하면 스위스를 떠올리지만 가격이 너무 높은 명품들이 많다. 남성들이 경기 불황에도 자신의 취향을 표현하기 위해 구입하는 것이 시계라고 생각했다. 제품을 선택할 때는 각자의 기준이 필요하다. 선택의 기준은 수십 가지가 있을 수 있지만 나는 간단하면서도 마감이 매우 뛰어난 시계를 선택하기로 했다. 그리고 영상에는 그런 것들이 최대한 부각될 수 있도록 클로즈업 샷으로 촬영했다. 사람들이 구입하기에 충분한 매력이 있을 수 있도록 실제로 보는 것보다 더 크게 촬영을 했다.

제품을 선정할 때는 평소에 내가 관심 있는 카테고리에 속하면서 약간의 전문성이 있다면 더욱 좋다. 나는 다른 물건들은 쉽게 질리는 반면 시계는 질리지 않았다. 오랜 기간 동안 늘 시계에 관심을 가져왔고 구입도 많이 했다. 남성분들 중에 시계 애호가들이 많으나 값비싼 명품시계는 평생 한 번도 구입하는 게 쉽지 않다는 것이 포인트라고 생각했다. 명품시계만큼의 가치를 가졌으나 저렴한 제품을 찾는 작업을 하였다. 이런 제품들이 구매 전환율이 매우 높을 수밖에 없다는 것이 분명한 이유였다. 그랜드 세이코나 파텍 필립에서 볼 수 있었던 마감이 대단히 깔끔하고 칼침을 디테일하게 갈아놓은 퀄리티의 제품이 5만 원 정도 하는 것을 발견했다. 반짝반짝하는 느낌이 눈에 띄어 잘 팔릴 수밖에 없었고 월 80만 원 정도의 수익을 낼 수 있었다.

그 시계 영상 하나로 월 80만 원을 벌었다고 하니 대수롭지 않게 생각하는 사람들도 있었는데, 구독자가 전혀 없던 채널에서 그 금액은 대단히 큰 것이었으며 그로 인해 구독자가 늘고 지속적으로 안정적인 수입을 가져다주는 채널 하나를 갖게 되었다는 의미에서 돈보다 더 큰 것을 얻게 되었다.

유튜브 알고리즘은 계속해서 변화하고 있다. 그리고 알리익스프레스 어필리에이트는 아직 블루 오션이다. 알리익스프레스는

2023년에 한국에 지사를 두고 본격적인 영업을 시작했으며 아직 극소수만이 알리어필리에이트로 가입하여 수익사업을 하고 있다. 누구든 좋은 제품만 골라서 링크를 걸 수 있다면 클릭뿐만 아니라 높은 구매 전환율을 경험할 수 있을 것이다.

가난에서 빨리 벗어나는 방법

1. 먼저 가난에서 벗어나고 싶은 이유를 분명히 정의한다.

2. 관계하는 대상을 부자가 되는 방법과 관련한 곳으로 바꾼다.

3. 과거의 노하우를 기반으로 지금부터 부자가 된다.

실패를 기회로 바꾸는 방법

1. 기회는 변화에서 온다.

2. 목표를 설정하고 계획을 세워라.

3. 지금 무엇을 해야 하는지 목표를 인식하고 실행한다.

4. 목표를 이루겠다는 자기 책임감을 가진다.

인기 유튜버들이 절대 알려 주지 않는 고수익 방법

1. 무조건 유튜브 채널을 시작한다.

2. 하고자 하는 의지를 가져라.

3. 지금 시작해도 늦지 않다.

4. 유튜버들이 영상 밑에 링크를 추가하는 이유가 있다.

인터넷으로 부업말고 사업을 하는 방법

1. 아이템을 과학적으로 선정한다.

2. 실물투자는 필요없다.

3. 마케팅의 가치를 인정해주는 글로벌 기업과 일한다.

4. 고객서비스는 판매회사에서 진행하고 나는 소개만 한다.

5. 복잡한 생각보다는 계속 실행한다.

영상 한 두 개로 구독자 1000명을 모을 수 있는 방법

1. 트렌드에 맞는 주제 선정을 한다.

2. 영상의 섬네일이 중요하다.

3. 영상을 최대한 짧게 만들어 시청자들이 완독하게 한다.

유튜브에서 광고수익을 올리는 방법

1. 카테고리를 최대한 좁힌다.

2. 광고를 제작할 때 집중력을 발휘해라.

2. 첫 광고를 잘 만들면 다음 광고도 쉽게 연결된다.

기업 협찬을 받을 수 있는 방법

1. 평소에 제품을 사용하면서 느꼈던 생활 중심 설명을 넣는다.

2. 제품에 대한 확신은 있어야 한다.

3. 블로그 습관은 버린다. 키워드보다 알고리즘이 중요하다.

인플루언서
쿠팡파트너스
알리어필리에이트
파워블로그
유튜버

이커머스
SNS
·
·
·

| 온라인에서
돈을 버는 사람 |
| --- |
| 오프라인에서
돈을 버는 사람 |

| 온라인에서의
돈의 흐름 |
| --- |
| 오프라인에서의
돈의 흐름 |

자영업
제조업
최저시급

·
·
·

돈은
온라인으로
흐른다

—

2장. 알리어필리에이트 되기

알리익스프레스란 어떤 곳인가

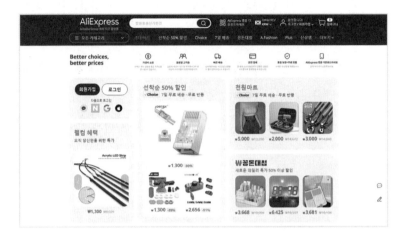

알리익스프레스는 알리바바에서 만든 B2C 판매 사이트로 전세계를 대상으로 하는 온라인 마켓이다. 한국에서는 G마켓, 쿠팡 등의 쇼핑몰과 비슷하다. 하지만 중국에서 직접 구매하는 것으로 가격이 훨씬 저렴한 장점이 있다. 대부분의 제품은 중국에서 생산되며 직배송되기 때문에 다른 어떤 사이트보다 더 저렴하게 구매할 수 있다. 배송기간이 단점이었는데, 과거에는 2주일 이상 걸렸지만 최근에는 5일까지 단축되기도 했다. 앞으로 익일 배송시스템을 만들기 위해 한국에 물류시스템을 만들 예정이다. 2023년 한국으로 배달된 물량이 3000만 박스 정도인데 2004년에는 5000만 박스 정도까지 증가될 것으로 전망되고 있다. 한국의 알리익스프

　　　　　　　　　　　　　　　2장. 돈은 온라인으로 흐른다

레스 앱의 이용자가 2022년 약 300만 명에서 2023년 600만 명 이상으로 두 배 증가했고 G마켓을 이미 넘어섰다. 국내 이커머스 시장에서 존재감을 급속히 키우고 있는 알리익스프레스는 국내 스포츠 행사의 파트너십을 체결하는 등 본격적인 마케팅을 진행하고 있으며, 이전까지는 순수 크로스보더_{직구 등 국경 간 거래} 쇼핑몰이었다면 이제는 공식 라이선스 제품들도 구입할 수 있는 플랫폼이 될 것이다.

알리익스프레스는 한국에서 본격적인 마케팅을 시작하면서 배우 마동석이 등장한 광고로 인지도를 높이고 있으며 놀라운 가격, 심지어 국내에서 1만 원 이상에 팔리는 제품을 몇 백 원으로 판매하는 이벤트를 꾸준히 진행하기 때문에 발 빠른 소비자들은 이미 알리익스프레스에서 쇼핑을 즐기고 있다. 알리익스프레스에서는 심지어 컴퓨터마우스를 10원에 구입할 수도 있다. 부담 없이 마음껏 쇼핑을 즐기게 하는 마켓이다.

알리어필리에이트는 무엇인가

알리익스프레스 어필리에이트는 알리바바 그룹의 전략 사업 중 하나로, 제품이나 서비스를 홍보하고 이를 통해 발생한 매출에 대한 보상을 받는 프로그램이다. 어필리에이트 프로그램은 어필리에이트로 가입된 자가 자신의 SNS 등에 링크를 달아서 알리익스프레스의 제품이나 서비스를 홍보하고, 이 링크를 통해 판매나 회원가입이 이루어지면 수수료를 받게 되는 시스템이다.

알리익스프레스 어필리에이트 프로그램은 개인 블로그, 유튜브 채널, 소셜 미디어, 웹사이트 등에서 활동하는 사람들이 대상이며, 각종 제품을 홍보하고 이로부터 수익을 창출할 수 있는 기회를 제공한다. 이는 제품과 서비스를 소비자에게 소개하고, 소비자가 이를 구매하거나 가입할 때 어필리에이트에 대한 보상이 이루어지는 방식으로 작동한다.

알리익스프레스 어필리에이트 프로그램은 수익을 창출하고자 하는 사람들에게 제품을 홍보하는 기회를 제공하고 동시에 알리익스프레스 플랫폼의 제품들을 더 많은 고객들에게 소개할 수 있는 효과적인 방법으로 활용되고 있다.

망설이지 말고 세계적 기업과 조인하라

아마존과 경쟁하는 세계 이커머스 기업이 바로 알리바바다. 알리바바가 만든 알리익스프레스와 제휴하는 개인은 성장의 폭을 얼마든지 넓힐 수 있다. 게다가 언제든지 새롭게 시작하는 채널에도 기회를 주는 유튜브를 활용한다면 아무런 자본이 필요 없이 엄청난 수익을 만들어 낼 수 있다. 유튜브는 오늘 당장 만든 채널이라도 사용자에게 필요한 정보를 올린다면 많은 사람들에게 영상을 돌려준다. 그것이 유튜브의 알고리즘이다. 인터넷에는 많은 수익 프로그램이 있지만, 알리익스프레스가 좋은 이유는 많은 지원과 기회를 제공한다는 점이다. 몇 년 전까지는 한국 사람들이 알리익스프레스를 잘 몰랐지만, 이제는 대부분이 알리익스프레스를 통해 쇼핑을 즐기고 있다. 가격이 저렴하기 때문에 추천하면 망설이는 소비자는 적고 대부분 결제를 하기 때문이다. 알리익스프레스는 한국에 고객센터를 운영하고 있고, 2023년 발표하기를 한국에 1000억을 투자해 물류센터를 짓겠다고 했다. 앞으로의 전망이 더욱 밝아질 것이다.

알리익스프레스의 매출은 더욱 극대화될 것으로 예상된다. 많은 사람들이 알리익스프레스를 통해 물건을 구입하거나 판매할 것이다. 알리익스프레스는 알리어필리에이트 프로그램을 통해 개인에게 수익을 창출할 수 있는 기회를 제공하면서, 이 프로그램을 통해 알리익스프레스에서 판매 되는 상품들을 홍보하고 있다. 개인은 블로그나 유튜브 등에 쉽게 링크를 다는 것만으로 수익을 창출할 수 있다. 그러나 어필리에이트 프로그램을 활용하기 위해서는 상품 홍보 방법에 대한 고민이 필요하다. 단순히 링크를 올리는 것보다는 상품에 대한 전문적인 리뷰나 사용 후기를 작성하는 것이 좋다. 또한 자신의 채널에 맞는 상품을 선택하고 그에 맞는 홍보 방법을 고민하는 것도 중요하다. 어필리에이트 프로그램을 통해 안정적인 수익을 창출하기 위해서는 꾸준한 활동과 카테고리에 집중하는 것이 필요하다. 알리익스프레스의 다양한 지원과 기회를 활용한다면, 더욱 높은 수익을 창출할 수 있을 것이다. 결론은 유튜브와 알리의 결합이다. 만약 인스타그램이나 블로그 등의 강력한 채널을 갖고 있다면 그것도 함께 적용을 하면 된다.

시작하자마자 바로 수익을 만들어라

빠르게 수익을 얻기 위해서는 사람들이 관심을 가질 만한 제품을 소개하는 것이 중요하다. 지갑을 열기 위해서는 무조건 가격이 싸다고 해서 되는 건 아니기 때문이다. 앞에서 말했듯 나는 빔 프로젝트를 선택해서 그달부터 바로 수익을 낼 수 있었는데 빔 프로젝트는 내가 가장 관심 있던 제품이었기 때문이다. 만약 내가 좋아하는 제품이 아니었다면 자신 있게 소개하기 어려웠을 것이다. 또한 내가 좋아하는 분야가 아니라면 이 제품이 어떤지 판단 기준이 없기 때문에 제품 선정도 어렵다. 시작하자마자 수익이 나오는 것은 중요하다. 아무리 끈기 있는 사람이라도 시작하자마자 수익을 내지 못한다면 얼마 안 가 지칠 것이다. 또한 하루하루 생활이 모두 비용이기 때문에 언제까지 수익이 나기만을 기다릴 수는 없다.

알리익스프레스를 주변 지인들에게 추천하고 소개하는 것도 적극 권장한다. 알리익스프레스의 제품들이 매우 저렴하기 때문에, 지인들에게 카카오톡과 같은 메신저에서 소개만 해도 수익을 얻을 수 있기 때문이다. 소개한 지인이 회원가입만 해도 3 ~ 4.5 달러를 받게 된다. 이렇게 가성비 좋은 쇼핑몰을 모르는 사람도 있기 때문에 판매 수익을 얻기 전에 알리어필리에이트로 승인된 후 주변에 알리는 것을 통해 가입 수익을 올리는 것도 좋은 전략이다. 이 방법은 가입에 따른 불이익이 없으며, 세계 최고 수준의 이커머스 기업에서 운영하는 쇼핑몰이기 때문에 가입률이 높은 편이다.

번개처럼 알리어필리에이트 승인받기
현재 운영하고 있는 블로그나 인스타그램 등의 소셜 미디어가 있다면 알리어필리에이트 승인을 받기가 매우 편리하다. 기존의 자료만 갖고도 알리익스프레스에서 쉽게 승인을 내주기 때문이다. 유튜브 채널을 활동 영역에 추가만 해줘도 된다. 만일 알리어필리에이트에 증명할 소셜 미디어나 유튜브 채널이 없더라도 괜찮다. 이 책에서 알려드리는 방법으로 앞으로 어필리에이트 활동을 할 자질이 충분하다는 것을 증명할 수 있기 때문이다.

알리어필리에이트 가입하기

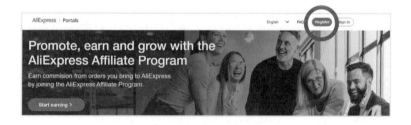

화면 우측 위의 Regsister를 누른다.

등록 화면에서 위의 내용에 동의하기를 누른다.

미성년자는 사용에 제약이 있을 수 있다.

모두 체크가 된 후에 진행이 된다.

지역은 한국으로 설정하며. 회원가입은

전화번호

이메일

카카오톡

네이버

구글

애플

페이스북

이렇게 다양한 아이디를 통해서 가입을 진행할 수 있다. 그중에서 가장 편한 로그인 방식으로 선택한 후에 가입을 진행하면 된다. 가장 보편적인 이메일로 진행해 보겠다. 이메일과 비밀번호를 입력해 주면 바로 계정이 만들어지기 시작한다. 만일 이메일로 등록하는 게 번거롭다면 아래 '다음으로 로그인'을 클릭하면 모든 가입할 수 있는 경로가 나타나게 된다. 아래에서 편하게 이용할 수 있는 아이디가 있는 경우 알리익스프레스와 연동하면 된다.

가입 단계에서 이메일로 전송된 코드 4자리를 입력하면 가입이 완료된다. 만일 이메일로 코드를 받지 못한 경우 코드 재전송을 통

2장. 돈은 온라인으로 흐른다

해서 꼭 코드를 받아야 한다. 간혹 스팸 메일함에 있는 경우도 있으니 스팸 메일함도 함께 확인하길 바란다.

전화번호 및 메신저 등록은 옵션이다. 이메일을 입력한 후 보내기를 누르면 코드가 나타나는데 이 메일에 나온 코드를 입력하면 된다.

프로모션 속성promotional attribute은 Non Network를 선택해 준다.

채널 타입Channel type은 소셜이 많을 것으로 생각된다. 소셜로 선택한 후 인플루언서를 선택한다. 인플루언서 미디어 종류에서는 자신에게 맞는 미디어를 선택한다. 유튜브를 주력으로 한다면 유튜브를 선택한다. 만일 해당사항이 없는 경우 others를 입력한다.

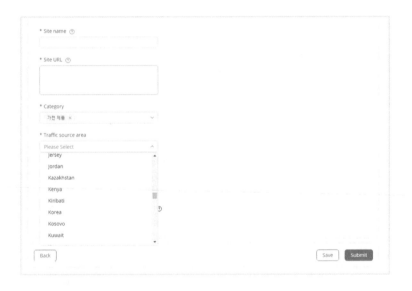

활동하게 될 지역을 입력한다. 다수의 국가가 입력 가능하다. 만일 한국뿐만 아니라 활발하게 활동될 것으로 예상되는 지역이 있는 경우 이곳에 입력하면 된다.

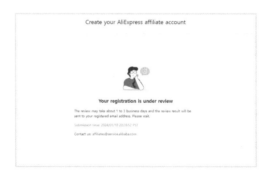

가입이 완료되면 위의 화면이 뜨고 승인이 날 때까지는 알리익스프레스에 들어가면 위의 화면이 보인다._{화면 이미지는 바뀔 수있다}

알리어필리에이트에 승인을 받은 후에

알리어필리에이트 프로그램을 사용하게 되면 다른 무엇보다 가장 먼저 해야 할 일은 링크를 만드는 것이다. 링크를 만드는 것은 간단하다. 프로그램 안에서 링크 제네레이션을 눌러주기만 하면 된다. 하지만 링크를 만드는 것보다 중요한 것은 어떤 상품을 팔 것인가다. 알리익스프레스에 등록된 상품만 1000만 개에 이르는 상황에서 내가 소개할 상품을 몇 가지로 추려야 한다.

마음에 드는 제품 링크 만들고 9% 수익 받기

다른 사람들에게 소개를 해주고 싶은 상품이 생겼다면 이제 본

돈은 링크를 타고 온다

격적으로 링크 만들기를 하면 된다. 이 링크를 필요한 사람들에게 보내주고 그에 따른 커미션을 받으면 된다.

알리어필리에이트 승인이 완료된 후 알리익스프레스에 접속하면 이전과 화면이 달라져있다. 홈페이지 화면에서는 알 수 없었지만 알리어필리에이트 승인이 나고 나서 제품 하나만 클릭해 보더라도 상세페이지에서 바로 링크를 만들 수 있도록 화면이 업그레이드되어있다.

링크를 만들 수 있는 가장 편리한 방법으로는 상품 페이지 상단에 있는 텍스트를 누른 후 바로 생성되는 아래의 링크를 복사하면 자동으로 복사하기가 완료된다. 복사된 링크를 어디든 붙여넣기 Ctrl C + Ctrl V해서 걸면 된다. 위에 보이는 충전기의 경우 9%의 수익을 받을 수 있으며, 충전기가 판매될 때마다 3800원 정도의 수수료를 받을 수 있다.

알리어필리에이트는 언제 거절되나

알리어필리에이트로 활동하기 위해서는 알리익스프레스 회원이어야 하며 현재 웹에서 알리익스프레스의 상품을 소개할 수 있는 공간을 갖고 있어야 한다. 알리어필리에이트를 신청해서 거절당하면 당황스러울 수 있다. 하지만 일반적으로 생각하면, 처음부터 어느 정도 검증을 거친 콘텐츠 생산자이어야만 정상적인 플레이가 가능할 것이다. 이 말의 의미는 어필리에이트가 되어 활동하는 동안, 다른 어필리에이트가 불법적인 방법으로 활동하지 않고 좋은 이미지를 유지하며 서로가 윈윈 할 수 있도록 시장을 형성해 나가기 위한 검증 과정인 것이다.

알리익스프레스 어필리에이트로 활동하기 위해 가장 빠르게 승인을 받을 수 있도록 아래 사항을 참고하기 바란다. 무엇보다도 승인 거절이 뜨는 이유를 미리 알면 예방할 수 있고 순조로운 활동을 기획할 수 있을 것이다.

1. 불완전하고 부정확한 정보

웹 사이트를 방문하는 사람들에게 부정확한 정보를 제공하는 곳은 알리어필리에이트 프로그램에서 가입이 거절될 수 있다. 그러므로 웹에 정보를 올릴 때는 되도록 정확한 정보가 올라갈 수 있도록 리서치하는 것이 중요하다. 보통 리뷰를 할 때는 객관적 사실을 갖고 설명하기 위해서 어느 정도 스펙을 인지하고 있는 것이 좋다.

2. 낮은 품질의 웹사이트

블로그를 예로 들자면 블로그 양식대로 일정 분량의 글을 쓰고 관련 이미지를 픽사베이Pixabay나 펙셀스Pexels 등의 무료 이미지 사이트에서 한 두개 정도만 올리는 것으로도 충분하다. 그렇지만 글의 분량이 턱 없이 부족하거나 글의 내용과 무관한 조악한 이미지가 들어가 있어 누가 봐도 이상해 보일 정도의 수준이 되게 해서는 안 된다.

3. 알리익스프레스 제휴 프로그램 위반 사항

만일 사람들에게 스팸 혹은 어뷰징^{변칙적인 방법으로 시스템을 악용하는 행위}을 통해서 혼란을 야기하거나 위조 상품을 소개하는 등 어필리에이트 프로그램 정책을 위반할 경우 승인이 거부되거나 취소될 수 있으니 주의해야 한다.

4. 트래픽 부족

누구나 처음부터 많은 구독자를 갖고 있을 수는 없다. 하지만 장기간 활동이 전혀 없는 상황이라면 알리어필리에이트 프로그램에서는 이 유저가 제대로 활동할 수 있을지에 대한 의문을 가질 수밖에 없다.

5. 부적절한 내용

웹 사이트 또는 소셜 미디어 계정에 부적절하거나 불쾌한 내용이 포함된 경우 응용 프로그램이 거부될 수 있다. 선정적이거나 폭력적인 이미지가 들어있지 않도록 주의해야 한다. 결국에는 알리어필리에이트 프로그램은 처음부터 기본을 갖추고 있는 크리에이터라면 누구나 활동할 수 있도록 한다.

활성화된 소셜 미디어가 없는 경우

1. 일상에 대한 기록을 작성하기

유튜브도 SNS도 전혀 해보지 않았다면 초반에는 어려움이 있을 수도 있지만, 첫술에 배부를 수 없다는 말처럼 일단 시작하는 것이 중요하다. 유명 유튜버나 블로거, SNS 스타처럼 프로페셔널하게 활동할 필요까지는 없다. 단순히 일상을 기록해 나가는 것부터 시작하면 점차 더 많은 생각과 경험을 담아 글을 쓰는 것이 어렵지 않게 느껴질 것이다. 또한 차근차근 발전해 나가는 과정에서 새로운 도전과 경험을 하게 될 수도 있다. 너무 큰 목표를 세우기보다는 작은 목표부터 시작하는 것이 좋다. 예를 들어, 주말마다 하나의 주제에 대해 글을 쓰기로 하거나 일주일에 한 번씩 영상을 업로드하는 계획을 세워보는 것이다. 이렇게 작은 목표를 달성하면서 자신감을 얻고, 점점 더 큰 도전을 해나갈 수 있다.

마지막으로, 다른 사람들의 콘텐츠를 참고하면서 영감을 받는 것도 좋은 방법이다. 유명 유튜버나 블로거들의 콘텐츠를 보면서 그들의 스타일과 아이디어를 참고해 자신만의 색깔을 찾아보자. 하지만 다른 사람들의 콘텐츠를 그대로 흉내 내는 것이 아니라 자신만의 스타일을 발견하기 위한 참고 자료로 활용하는 것이 중요하다.

2. 미디어 정하기

각자 자신에게 맞는 미디어를 선택하는 것이 중요하다. 유튜브를 활용하는 경우, 스마트폰을 적극적으로 활용하여 시작하는 것이 좋다. 한 가지 팁은 유튜브 영상에서 '리뷰'와 '제품 정보'에 대한 내용 위주로 하는 것이 좋다. 블로그를 활용하는 경우도 마찬가지다. 제품을 구입할 때 가장 먼저 검색하는 것은 구입하고자 하는 제품에 대한 정보일 것이다. 네이버를 많이 사용하는 경우 네이버 블로그를 활용하고, 유튜브를 사용하는 경우 유튜브 채널을 선택하는 것이다. 알리익스프레스 어필리에이트 프로그램에서는 미디어에 대한 제한을 두지 않는다. 웹 사이트를 전체적으로 만드는 데 능숙하다면 그것도 가능하다.

알리익스프레스 홍보영상에서는 제품 하나당 1분 전후로 설명하는 작업을 할 경우가 많다. 영상 제작 시간은 짧지만 시청 시간은 길어서 유튜브에서 유용한 영상으로 판단되면 더 많은 사람들에게 영상을 홍보할 수 있다.

한 가지 기법으로는 제품 하나에 올인하는 방법이 있다. 이 경우 제품을 주인공으로 삼아 영상을 제작하며, 제품의 장단점 및 해당 제품이 구매할 가치가 있는지에 대해 고민하는 영상이다. 이 방식으로 영상을 제작하면, 한 제품에 집중하여 다각적인 리뷰를 통해 유저들의 판단을 도울 수 있다. 또한 영상에서 제품이 하나만 노출될 때 유튜브에서 주목을 받을 가능성이 높아지며 방송을 할 때 자신감을 가질 수 있다.

중요한 것은 자신감이다. 주어진 일을 잘 수행할 수 있다는 믿음을 가져야 한다. 하지만 그것이 쉽지 않을 수 있다. 그러니 일단 단순한 터파기 작업을 먼저 해야 한다. 집을 짓는 과정에서 터파기를 장인 정신으로 아름답게 하는 경우도 많다. 꼼꼼히 파고, 설계도에 맞게 규격을 맞추면서 더 나은 결과물을 만들어 내는 것이다. 우리가 현재 하는 작업 역시 마찬가지다. 처음 하는 일이므로 잘하는 것보다는 승인을 빨리 받는 것이 목적이다. 그러나 승인을 받는 것만을 생각하지는 말자. 승인을 받기 위해 노력하면서 동시에 더 나은 결과물을 만들어 내기 위해 노력해야 한다.

챗GPT와 함께 알리어필리에이트 승인받는 법

만약에 블로그도 유튜브도 아무것도 해본 적이 없다면 그래도 상관이 없다. 챗GPT를 통해서 아이디어를 얻고 활용할 수 있기 때문이다. 이전의 인공지능은 단조로운 편이었으나 최근 인공지능 서비스의 경우 일반적인 전문가만큼의 퀄리티로 도움을 줄 수 있다. 그러나 챗GPT를 사용하려면 프롬프트에 대한 이해와 함께 자신이 정확히 어떤 것을 질문할 것인지 아는 것이 중요하다. 질문할 내용을 잘 모르는 상태에서는 어떠한 답도 제대로 내놓지 못하는 것이 인공지능이다.

유튜브 동영상을 만들기 위해서는 대본이 필요하고, 블로그를 운영하려면 글이 필요하다. 물론 챗GPT에 있는 내용을 그대로 복사해서 사용하면 검색 엔진에서 어뷰징으로 인식될 수 있기 때문에 주의해야 한다. 하지만 챗GPT를 사용하는 주된 이유는 처음 시도하는 분야에서 큰 인사이트를 얻을 수 있다는 것이다. 나도 최근에는 블로그 글을 작성할 때 빙을 사용하고, 챗GPT를 통해 토론을 진행하는 방법을 쓰고 있다. 블로그나 유튜브 작성 시, 챗GPT를 기반으로 검토한 후 사용하면 시간을 절반 이상으로 줄일 수 있다. 또한 일반적인 사람들에게 질문하는 것보다 챗GPT를 사용하여 질문하는 것이 수익 창출에 큰 도움이 된다. 과거에는 자신이 질문할 수 있는 대상을 자신보다 더 많은 지식을 가진 동종 업계의 전문가를 골라야 했다. 하지만 그런 전문가들의 컨설팅 비용은 부담이 되고 원하는 시간에 질문을 주고받기도 어려웠다. 챗GPT는 인터넷에 공개된 정보를 기반으로 한다. 따라서 답변의 한계점이 있을 수 있지만, 혼자서 해결할 수 없는 문제를 해결할 때 사고의 폭을 넓힐 수 있다. 챗GPT는 인간의 질문에 답변하는 프로그램이다. 챗GPT는 인간의 언어를 이해하고 그에 맞는 답변을 하는 데큰 능력이 있다. 블로그나 유튜브의 카테고리를 만들 때 챗GPT를 사용하면 매우 유용하다.

질문을 하기 전에 프롬프트를 구체적으로 설정하는 것이 좋다. 예를 들어, 블로그나 유튜브의 카테고리를 만든다면, 먼저 알리어필리에이트와 관련된 블로그를 만드는 것이 좋다. 그리고 관심 있는 분야와 매출 규모가 큰 분야로 폭을 좁히는 것을 추천한다. 예를 들어, 전자제품이라는 좁은 분야에서 시작하여 높은 수익을 얻을 수 있다. 하지만 폭이 너무 좁다고 생각된다면, 다른 연관 분야를 탐색하여 사업의 폭을 넓히는 것이 좋다. 나의 경우는 전자제품외에도 키덜트들의 장난감을 선택한 적이 있다. 이는 구매 대상이겹치기 때문이다. 그 연령대와 소비 패턴을 이해하면 쉽게 이해할수 있다.

챗GPT의 성능을 수백 배 끌어올리는 암호

GPT를 시작하기 전에 "당신은 쇼핑몰 마케팅 전문가다"라고 입력하고 나서 "40대 남성들이 가장 많이 소비하는 제품들 중에서 30달러에서 100달러 이내의 상품들을 추천해 줘. 4월에서 5월까지, 봄에 필수적으로 구입하는 필수품들 10개로 알려줘"라는 질문을 해보았다.

Casual sneakers or loafers Sunglasses with polarized lenses. Wireless headphones or earbuds. Moisturizing facial skincare products with SPF protection. Smartwatches or fitness trackers. Water-resistant backpacks or messenger bags. Spring-themed graphic t-shirts or polo shirts. Gardening tools or outdoor grilling accessories Home fitness equipment or yoga mats.

경량 재킷 및 윈드브레이커, 캐주얼 스니커즈 또는 로퍼 편광 렌즈가 달린 선글라스 무선 헤드폰 또는 이어폰 SPF 보호 기능이 있는 촉촉한 얼굴 피부 관리 제품, 스마트워치 또는 피트니스 트래커, 방수 백팩 또는 메신저백, 봄을 주제로 한 그래픽 티셔츠 또는 폴로셔츠,

정원 가꾸기 도구 또는 야외 구이 도구, 홈 피트니스 장비 또는 요가 매트.

위의 질문에서 아래 내용을 추가해 보았다.
"10개 더 알려줘. 전자제품과 관련된 제품으로 알려줘."

1. Wireless chargers for smartphones and tablets

2. Portable power banks for on-the-go charging

3. Bluetooth speakers for music streaming

4. Streaming media players, such as Roku or Amazon Fire Stick

5. Wireless gaming controllers for smartphones or tablets

6. Wireless headphones with noise-cancellation technology

7. Smart plugs or smart light bulbs for home automation

8. Car dash cams for added safety while driving

9. Fitness trackers or smart scales for health monitoring

10. Home security cameras with Wi-Fi connectivity

1. 스마트폰 및 태블릿용 무선 충전기

2. 이동 중 충전을 위한 휴대용 파워 뱅크

3. 음악 스트리밍용 블루투스 스피커

4. Roku 또는 Amazon Fire Stick과 같은 스트리밍 미디어 플레이어

5. 스마트폰 또는 태블릿용 무선 게임 컨트롤러

6. 노이즈 캔슬링 기술이 적용된 무선 헤드폰

7. 홈 오토메이션을 위한 스마트 플러그 또는 스마트 전구

8. 주행 중 안전성을 높이기 위한 자동차 대시 캠

9. 건강 모니터링을 위한 피트니스 추적기 또는 스마트 체중계

10. Wi-Fi 연결이 가능한 가정용 보안 카메라

이렇게 되면 쇼핑몰 MD에게 물어보는 것과 동일한 답변을 얻을 수 있다. 과거 같으면 어느 제품이 잘 팔리는지 대략적인 자료 조사를 하기 위해서 기사를 찾거나 통계를 뒤져야 했다면 이제는 그럴 필요 없이 챗GPT를 쇼핑몰 마케팅 전문가로 설정한 다음 40대 남성들이 4월부터 5월 봄까지 많이 구입할 수 있는 제품들을 알려달라고 하면 된다. 위에서 열개의 제품군을 알려주었는데 다시 질문을 한 번 더 해보았다.

1. Phone cases with added protection features, such as

waterproofing or shock resistance

2. Wireless earbuds or headphones with advanced sound quality

3. Bluetooth keyboard and mouse sets for mobile productivity

4. Phone camera lenses for enhanced photography capabilities

5. Smartwatches or fitness trackers with phone integration features

6. Phone grips or stands for added convenience and comfort while using the device

7. Wireless charging pads with multiple device support

8. Phone car mounts for hands-free navigation and calling while driving

9. Portable photo printers for on-the-go printing of smartphone pictures

10.Smartphone camera stabilizers or gimbals for steady video recording

1. 방수 또는 내충격성과 같은 보호 기능이 추가된 폰 케이스
2. 고급 음질의 무선 이어폰 또는 헤드폰

3. 모바일 생산성을 위한 Bluetooth 키보드 및 마우스 세트

4. 사진 촬영 기능 향상을 위한 폰 카메라 렌즈

5. 스마트워치 또는 전화 통합 기능이 있는 피트니스 추적기

6. 편의성과 편안함을 더해주는 전화기 그립 또는 스탠드 장치

7. 여러 장치를 지원하는 무선 충전 패드

8. 핸즈프리 내비게이션 및 운전 중 통화를 위한 폰카 마운트

9. 이동 중 스마트폰 사진 인쇄를 위한 휴대용 사진 프린터

10. 안정적인 비디오 녹화를 위한 스마트폰 카메라 안정기 또는 짐벌

블로그와 유튜브 방송 중 어떤 것을 진행할지 대략적인 감을 잡은 후 방향을 정하는 것이 좋다. 위에서 언급한 제품군들은 대부분 구매 건수가 많은 인기 상품들이다. 알리익스프레스에서는 이 상품 군들이 수천 개에서 수만 개 단위로 판매되는 것이 일반적이다. 나도 주로 공략한 제품군이 위와 같다. 40대 남성들은 소비력이 있으면서도 과거에는 경제적으로 취미생활을 즐길 수 없었을 가능성이 높아 키덜트 성향이 있다. 나도 어린 시절에는 물건이 풍족하지 않아 갖고 싶은 물건 하나를 구매하는 것도 어려웠다. 그런 경험으로 인해 현재 쇼핑을 즐기는 것일지도 모른다. 이렇게 소비 군을 좁히면 더 팔릴만한 모델들이 보이게 된다. 이를 바탕으로 관

련된 글이나 영상을 제작하면 알리어필리에이트 프로그램 승인을 쉽게 받을 수 있다.

여기서 주의해야 할 점은 100% 챗GPT에만 의존하는 것이 아니라, 내가 검증해야 한다는 사실이다. 미국 대학의 연구 결과에 따르면, 사람이 이해하고 있는 상태에서 챗GPT를 사용하면 정보 능력이 더욱 향상된다. 그러나 정보에 대한 이해도가 없는 상황에서 활용할 경우, 질문자의 질문 품질에 따라 제공되는 정보의 깊이가 달라질 수 있으므로, 앞으로 만들 콘텐츠의 기획을 이해한 상태에서 진행하는 것이 좋다. 또한 인공지능이 대체할 수 없는 사람의 역할이 있다는 것을 인식해야 한다. 인공지능은 빠르게 정보를 처리하고 정확한 답변을 제공하지만, 인간은 고유한 생각과 감정을 가지고 있으며, 상황에 따라 유연하게 대처할 수 있는 능력을 가지고 있기 때문이다. 따라서 챗GPT를 활용하면서도 상황에 맞는 개인적인 조언과 경험을 제공하는 것이 중요하다. 또한 콘텐츠 제작자로서는 수익만을 고려하는 것이 아니라 자신이 흥미를 가지는 분야를 중심으로 콘텐츠를 제작하는 것이 좋다. 단순히 수익을 위해서 일을 하는 경우 콘텐츠 고갈이나 재미를 잃는 상황이 생길 수 있다. 돈만 많이 벌면 재미는 상관없다고 생각하는 분도 있지만, 일이란 것은 오늘 하고 그만둘 것이 아니므로 흥미를 느끼는 것부터 시작하는 것이 재밌게 해나가는 방법이다.

마지막으로, 콘텐츠 제작은 연구가 필요하다. 따라서 끊임없이 자신의 콘텐츠를 분석하고 개선해 나가야 한다. 자신의 콘텐츠가 어떤 부분에서 좋은 반응을 얻었는지, 어떤 부분에서는 아쉬움이 남았는지 파악하고, 이를 토대로 계속해서 개선해 나가는 것이 중요하다.

챗GPT와 저품질의 문제

현재까지 유튜브에서는 챗GPT를 활용한 대본으로 영상을 제작해도 제재를 받는 경우는 거의 없다. 오히려 크리에이터들이 챗GPT를 적극적으로 활용하여 조회수를 올리는 경우가 많다. 물론, 경쟁이 치열한 분야에서는 어려움이 있을 수 있다. 하지만 리뷰 분야에서는 유튜브 검색 영역에서 챗GPT를 활용하는 것에 문제가 없다. 블로그 영역은 조금 다를 수 있다. 구글은 이미 챗GPT가 쓴 시로 작성된 문서를 걸러내는 기술을 보유하고 있기 때문이다. 그래서 완전히 100% 자동화하기보다는 챗GPT에서 작성한 것을 발판으로 삼아 블로그의 틀을 만드는 것이 좋다.

챗GPT가 대본을 수정하고 작성해 주는 것은 유명인이나 정치인들도 많이 이용하는 방식이다. 이제부터는 우리도 무료로 전문 대본 작성자를 고용하여 활동할 수 있는 것이다. 하지만 이러한 방식이 올바른 것인지, 사람들에게 유용한 것인지 잘 검토해야 한다.

초보도 족집게처럼 잘 팔리는 물건을 소개하는 법

1. 원래 잘 팔리는 상품을 소개하기
2. 새로 출시된 제품 중에서 가능성이 높은 것 찾기

알리익스프레스의 상품 중에서는 한국인뿐만 아니라 해외 유저들에게 인기 있는 아이템이 많다. 그래서 어렵게 찾지 않아도 베스트 아이템 중에서 다른 유튜버가 소개하지 않은 것을 그냥 올려도 술술 팔리는 마법이 일어나기도 한다. 보통 유럽인이나 한국인은 성향이 다르므로 좋아하는 것이 다르다고 생각할 수 있지만, 실제로는 거의 같다. 생리 현상이나 욕구 등에서는 비슷한 면이 있고 글로벌 스탠더드화 되면서 유사한 제품들을 사용하면서 살아가고 있다. 전 세계인들 모두가 아이폰이나 안드로이드 스마트폰을 쓰고 있으며, 다른 나라 사람들이 이미 구매한 제품들은 어느 정도 검증이 끝났다는 의미이기도 하다. 만일 제품 선정이 어렵다면 그냥 쇼핑하듯이 앱을 찾아보면 된다. 위에서 말씀드린 베스트 제품들이 계속해서 잘 팔릴 상품을 나에게 소개해주기 때문이다.

기본적으로 유튜브는 항상 콘텐츠 부족에 시달린다. 모두가 블로그가 쉬우니 블로그를 하기 때문이다. 블로그에 글이 10개 올라올 때 유튜브엔 영상이 1개도 올라오기 어렵다. 그러나 걱정할 필요는 없다. 나 역시 유튜브 영상 편집을 15분 만에 배웠고, 몇 년 동안 그것으로 먹고살고 있기 때문에 절대 고민할 일이 아니다. 멋진 영상보다 중요한 것은 잘 팔리는 아이템을 고르는 것이고 이미 잘 팔리고 있는 제품들 대부분이 유튜브에 아직 소개되지 않고 있다는 현실은 이곳이 얼마나 블루오션인지 알 수 있게 해 준다.

챗GPT는 절대 알려줄 수 없는 히트 아이템 찾는 법

새로 출시된 상품들 중에서 잘 팔릴 물건은 어떻게 찾을 수 있을까? 이것 역시 어렵지 않다. 알리익스프레스에서는 현재 내가 보고 있는 관심사를 중심으로 제품을 수시로 추천을 해준다. 그중에서 고르는 것도 하나의 방법이다. 현재 구매건수가 적더라도 한국인이 좋아할 제품의 기준만 정해주면 된다.

1. 국내보다 저렴한 제품

먼저 한국보다 저렴한 제품은 가장 잘 팔리는 아이템 중에 하나다. 만일 한국에서 구입하면 5만 원인데 직구로 사면 2만 원인 경우 구입하지 않을 사람이 있을까? 그러므로 매번 소비되거나 혹은 전문가들에게 꼭 필요한 기기들의 경우 국내보다 저렴하기만 해도 많은 사람들이 알리익스프레스를 통해서 구입할 수밖에 없다. 물론 직구 배송기간이 있지만 한국과 가격 차이가 큰 제품일수록 사람들에게 소개를 해주면 잘 팔릴 가능성이 매우 높다.

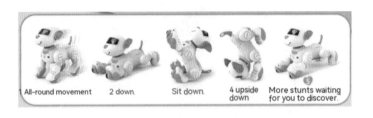

위의 제품은 구매 전환율이 좋았던 로봇개이다. 한국에서는 구할 수 없는 고퀄리티 제품으로 2만 원대이면서 움직이고 노래를 부르는 등 매력 넘치는 제품이라 소개하자마자 높은 수익을 얻을 수 있었던 제품이다.지금은 한국에서도 비슷한 가격대에 판매되고 있다

2. 국내에 없는 신기한 제품

사람들은 늘 자유롭고 즐거운 삶을 꿈꾸어 왔다. 그러나 반복되

2장. 돈은 온라인으로 흐른다

는 일상 속에서 재미를 찾는 것은 어려운 일이다. 세상이 발전하면서 이미 많은 재미와 도전적인 아이디어들이 나왔다. 그렇다면 사람들이 눈여겨 볼만한 새로운 제품을 찾아보는 것은 어떨까? 재미있는 제품은 소개하는 사람들도 놀라워하며 자신도 이 새로운 것을 알리고 싶어 한다. 이렇게 새로운 제품을 소개하면 구독자수가 급격하게 증가할 수 있다. 물론 제품이 확실히 재미있어야 한다.

국내에서는 에어컨 선풍기라고 불렸던 이 제품은 국내에서 2만 원대에 팔렸으나 알리익스프레스에서는 6천 원대에 무료배송으로 판매되고 있었다. 삶을 편리하게 해주는 제품인데 한국보다 훨씬 저렴하다면 인기는 어떨까? 나는 이 제품으로 상당한 수익을 누렸으며 앞으로도 여름만 되면 히트상품에 등록될 것이라고 생각된다.

사람들은 효율성을 중요시하며, 이를 위해 각종 도구를 활용한다. 동물과 인간의 가장 큰 차이 중 하나는 도구를 얼마나 잘 활용하는가이다. 당장 불편함을 해소해 줄 제품이 있다면, 쉽게 구매하게 된다. 물론 너무 비싸다면 불편함을 감수해야 할 수도 있다. 하지만 아이디어 생활용품의 경우 보통 저렴하게 판매되어 판매량이 많은 편이다.

의외로 고급화되어가는 스마트폰 시장에서 10 ~ 20만 원대 가성비 스마트폰이 매년 업그레이드되면서 판매가 많이 이뤄지고 있다. 국내에서는 갤럭시와 아이폰만이 시장을 형성하고 있지만 해외에서는 이미 가성비 스마트폰의 점유율이 매우 높다. 국내에서도 불경기가 계속되면 이런 가성비 스마트폰 시장 또한 성장할 수

밖에 없다.

4. 과거에 비해 성능이 개선된 제품들

사람들은 업그레이드된 제품을 보면 바로 지갑을 열기도 한다. 현재 사용하는 스마트폰이 고장 나지 않았음에도 불구하고, 속도가 느리다는 이유로 새로운 제품을 구매하거나 용량이 부족해서 교체하는 경우가 많다. 알리익스프레스에서는 지난해에 출시된 제품에 비해 업그레이드된 올해의 신제품이 다수 출시되고 있다. 그 결과, 과거에 비해 성능이 개선된 제품들은 조회수와 구매 전환율이 높아지는 경향이 있다. 유튜브는 구독자 수가 적더라도, 관심 기반을 통해 구독하지 않은 사람들에게도 수시로 영상을 송출하여 영상 조회수를 높이고 있다. 따라서 구독자가 적더라도 필요한 영상을 만들어 내면 구독자가 늘어나고, 상품 판매량도 늘어난다. 이 과정은 모두 순조롭게 이뤄지기 때문에 큰 걱정은 필요하지 않다.

알리어필리에이트 승인 후 당장 해야 하는 것들

알리어필리에이트에 가입한 후 승인이 나게 되면 아래와 같은 메인 화면을 볼 수 있다. 그중에서 좌측 메뉴들은 정말 중요하고 가장 많이 사용하는 버튼이다. 알리익스프레스에서 좋은 상품을 고르려고 해도 막상 처음 시작하면 어떤 것이 좋을지 막연하고 잘 떠오르지 않는다. 그럴 때는 현재 알리익스프레스에서 가장 잘 팔리는 아이템을 분석하면서 커미션을 계산해 보는 것도 감을 잡는 데 좋다. 그중에서 'Ad Center'는 다양한 정보를 제공하고 있어서 현재 다른 사람들이 판매하고 있는 제품들을 미리 확인해 볼 수 있고 커미션도 바로 볼 수 있다. 거기에 더해 바로 '링크까지 생성할 수 있으므로 처음 알리익스프레스를 시작하신 분들이라면 이곳부터 클릭하시길 추천한다.

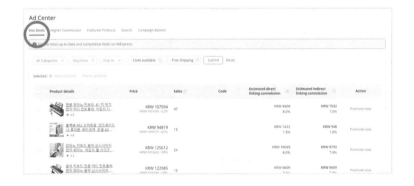

애드센터를 클릭하면 'Hot Deals' 목록을 볼 수 있는데 이곳에서는 현재 가장 인기 있는 아이템을 볼 수 있다. 제품이름, 판매개수, 가격, 커미션율, 받게 될 커미션 금액 등을 모두 한눈에 볼 수 있다. 여기서 주목해야 할 부분은 생활과 밀접한 관련이 있는 제품들이 압도적으로 많이 판매된다는 것이다. 일본에서 다이소가 불황기에 전국구로 확장되었던 것처럼, 앞으로는 한국뿐만 아니라 중국에서도 생필품이 잠재적으로 가장 큰 사업 영역이 될 수 있을 것으로 생각한다. 실제로 알리익스프레스 본사에서는, 온라인에서 다이소와 같은 저렴한 생필품 영역 카테고리 지원을 확장할 것이라고 한다. 콘셉트를 정할 때 이런 카테고리를 선택하고 일관되게 진행하면 수익 화에 도움이 될 것이다.

이제 위에서 잘 팔리는 아이템을 하나 선정했다고 가정을 해보자. 그런 후 클릭을 하게 되면 위처럼 이미지를 모두 무료로 받을 수 있다. 알리익스프레스에서는 이처럼 공식적으로 이미지 사용이 허용되는 등 알리어필리에이트 활동에 많은 지원을 하고 있다. 'Download all'을 누르면 한 번에 이미지 다운이 가능하다. 그런 후 'Copy & Promo'를 사용해도 되고 URL 방식으로 진행해도 된다.

위의 화면에서 'Click & Buy' 영역에서 https 이하 주소를 모두 긁어주면 히트 아이템의 주소를 받아서 사용할 수 있다. 링크를 생성하는 방법은 여러 가지가 있으며 웹상에서 자동생성 기능 외에 이렇게 핫템을 추출해서 진행하는 것도 가능하다.

다음으로는 'Higher Commission'이다. 이 탭에서는 가장 커미션율이 높은 제품들이 엄선된 경우다. 여기서 잘 팔리는 제품이 EVA 슬리퍼인 것을 볼 수 있다. 국내에서는 층간소음방지 슬리퍼가 2만 원을 넘어가고 있는데 저렴하게 판매가 되어서 그런지 판매량이 만개 단위를 뛰어넘었으며 높은 수익률로 커미션을 제공하고 있다.

역시 이미지를 모두 다운로드할 수 있도록 되어 있다. 'Download all'을 선택하고 이미지를 받은 후에 마케팅에 활용하면 좋다.

9천 원짜리 슬리퍼를 판매하면 얼마나 수익을 올릴 수 있을까 궁금할 것이다. 개당 8%의 커미션을 받게 되며, 1개가 팔릴 때마다 745원을 받게 된다. 만일 누군가 100개를 나를 통해 구입했다면 74500원의 수익을 얻게 된다. 보통 이런 아이템의 경우 박리다매로 판매를 진행해야 유리하다. 슬리퍼 하나만 리뷰를 해서 진행하기보다는 '생활에 유용한'이 들어가는 주제로 만들게 될 경우 슬리퍼뿐만 아니라 연동된 여러 개의 상품이 한 번에 팔릴 가능성이 높다. 그래서 이런 경우엔 하나의 제품이 아니라 한 사람이 여러 개의 제품을 장바구니에 담도록 유도하는 경우가 된다.

2장. 돈은 온라인으로 흐른다

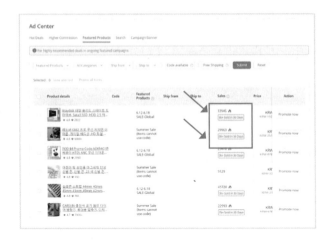

　이번에는 'Featured Products'를 보자. 주요 상품으로 높은 커미션 혹은 많은 수익을 내는 상품 군에 해당된다. 특히, 세일기간에 해당하는 군으로써 위의 사례는 섬머세일에 해당하다. 여기서 힌트를 드리자면 재밌게도 사람들이 구입하는 물품군은 시즌에 따라서 구매몰이가 가능하다. 여름에 잘 팔리는 제품이 정해져 있는 것은 사람과 기후는 밀접한 관계가 있기 때문이다. 여름에는 이어폰 수요가 높고 겨울에는 헤드폰 수요가 높은 이치다.

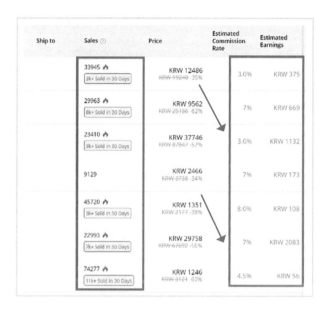

Ship to	Sales	Price	Estimated Commission Rate	Estimated Earnings
	33945 3k+ Sold in 30 Days	KRW 12486 KRW 19240 -35%	3.0%	KRW 375
	29963 6k+ Sold in 30 Days	KRW 9562 KRW 25186 -62%	7%	KRW 669
	23410 3k+ Sold in 30 Days	KRW 37746 KRW 87647 -57%	3.0%	KRW 1132
	9129	KRW 2466 KRW 3738 -34%	7%	KRW 173
	45720 3k+ Sold in 30 Days	KRW 1351 KRW 2177 -38%	8.0%	KRW 108
	22993 7k+ Sold in 30 Days	KRW 29758 KRW 67692 -56%	7%	KRW 2083
	74277 11k+ Sold in 30 Days	KRW 1246 KRW 3121 -60%	4.5%	KRW 56

그렇다면 커미션율은 어떻게 될까? 3% 제품도 보이고 7% 제품도 보이고 있다. 중요한 건 단순히 커미션율이 높은 것을 선택하기보다는 내가 어떻게 설명을 잘할 수 있는 제품일지 먼저 고민하는 것이다. 왜냐하면 커미션이 높은 것들 중에는 판매하기 어려운 제품들도 있기 때문이다. 다른 사람들은 잘 판매하지만 내가 확보한 팔로워들이 흥미를 갖지 못하는 제품이라면 아무리 높은 커미션이라고 하더라도 의미가 없다.

2장. 돈은 온라인으로 흐른다

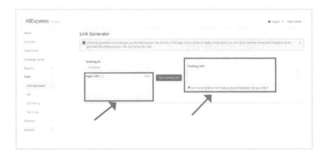

이번에는 어떤 상품페이지도 링크를 만들어버리는 무적의 'Link Generator'를 소개하겠다. 내가 알리어필리에이트로 처음 활동할 당시엔 주로 사용했으나, 요즘에는 더 편리한 방법이 많아서 활용은 줄었지만 가장 안정적인 기능을 제공하고 어떤 상품페이지든 변환을 해주는 강력한 기능 때문에 지금도 종종 사용하는 방법이다. 왼쪽은 원래 상품페이지 주소로 엄청나게 긴 주소를 넣게 된다. 오른쪽은 내가 판매할 때 자동 집계가 되는 링크 주소로 단축 주소가 나타나게 된다.

먼저 내가 관심을 갖고 있는 상품 주소를 왼쪽에 입력한다. 다음에 가운데 'Get Tracking Link'를 눌러준다.

새로운 상품주소가 나타나게 되는데 주소의 길이도 짧아서 어디에나 입력하기 좋다. 이 링크를 통해서 판매되는 제품은 모두 집계가 되며 거의 모든 상품 판매의 커미션을 받게 된다.

만일 위의 링크 생성이 익숙하지 않고 불편하다면 더 확실한 설정이 있다. 'Site Stripe' 기능은 과거에 없었던 기능이지만 최근에 생성되어 매우 유용하게 사용되고 있다. 이것은 내가 소개하고 싶은 상품의 링크를 어렵게 만드는 것이 아니라 쇼핑하듯 즐기면서 상품페이지 위에서 그냥 클릭만 하면 자동으로 만들어지는 것이다. 주의할 점은 반드시 위의 버튼 'Display Status'에서 Enable로

2장. 돈은 온라인으로 흐른다

설정해 주어야 화면에서 링크가 자동으로 생성이 가능하다는 점이다. 위에 보면 페북 공유와 트위터 공유 등이 있는데 머지않아 카톡 공유도 생기길 바라본다.

맨 위에 설명으로 예시를 들었던 방법으로 웹 사이트 상단에서 'TEXT'를 눌러주기만 하면 링크가 생성되어 어디든 붙여 넣기를 하면 바로 수익화 사업이 진행된다. 아마 링크 생성하기 방법 중에서 가장 많이 활용될 방법은 마지막 방법이 될 것이며, 처음 알리익스프레스 어필리에이트 프로그램에 가입한 분들께 가장 먼저 소개해드리는 링크 생성 방법이다.

다음으로 리포트 화면에서 많이 사용되는 기능이 'Live Order Tracking' 기능이다. 알리익스프레스 어필리에이트가 타사에 비해 강력한 기능인 이유가 바로 이것이다. 이 기능은 구매 후 몇 분 만에 판매가 된 사항이 등록되기 때문에 알리익스프레스 어필리에이트 활동의 투명성을 보여준다. 내가 판매한 것들을 보면 7% 대가 가장 많으며 1회 판매 시 커미션 2 ~ 3천 원대가 많이 분포된 것을 볼 수 있다. 어필리에이트 활동을 처음 시작했다면 지인을 통해 링크로 구입하게 한 후 제대로 집계가 되는지 확인해 보는 것도 방법이다.

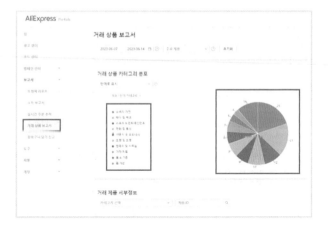

그리고 'Transaction Products Report 7'이다. 여기서는 앞으로 내가 판매하게 될 제품들이 누적되면서 그래프화 되는 것이다. 높

은 수익을 얻고 있는 것을 볼 수 있다. 이 부분은 모든 분들이 각자 다 다르게 표시가 될 텐데, 그 이유는 이것은 우리가 판매한 제품을 통계로 해서 그래프화 되기 때문이다.

이처럼 여러 가지 기능들 중에서 모든 것을 다 사용하는 것은 어려울 것이다. 내가 4년 동안 일하면서 가장 많이 사용한 버튼 기능들 위주로 소개해 보겠다. 그 외의 기능들은 실질적으로 나조차 손을 많이 댄 적이 없다. 처음 이 알리어필리에이트를 접하면 우리나라의 User Experience사용자 경험와 조금 달라서 당황스러울 수 있지만, 정작 활동을 하면서 모든 기능을 사용하는 것은 아니기 때문에 조금씩 익히다 보면 어려울 것이 없다. 또한 통계를 통해 한눈에 팔로워가 어떤 제품을 구매하는지 파악할 수 있다. 이를 통해 소개할 때 목표를 어떻게 설정하고 진행해야 할지 파악할 수 있다. 그러나 그래프 외의 방식으로 소개하면 사람들의 관심이 적을 가능성이 높다. 일반적으로 수익을 내는 프로그램들은 이러한 세부 통계를 제공하지 않는 경우도 많기 때문에 내가 판매한 제품을 정확하게 집계하기가 어려울 수 있다. 실시간 집계 기능은 영상이나 글을 업로드 한 즉시 집계되므로 차후에 활용할 수 있는 통계 자료가 된다.

하루 만에 수익 1000만 원이 가능한 공동구매

알리익스프레스의 수익화의 장점 중 가장 큰 것은 공동구매를 통한 폭발적인 판매가 가능하다는 것이다. 기존의 판매 방식은 조회수에 따른 클릭률에 비례했지만, 공동구매를 진행하면 시기에 따라 높은 수익을 얻을 수 있다. 공동구매는 알리익스프레스 내부에서 진행되는 이벤트로써, 현재는 구독자가 많은 유튜버들 위주로 진행되고 있으며 실제로 구독자들에게 좋은 호응을 얻고 있다. 예를 들어, 알리익스프레스 내부의 가격에 비해 50% 할인을 적용하는 것으로 단순한 광고가 아닌 공동구매 방식을 채택하는 것이다. 공동구매를 할 때는 지정된 날짜까지 구매자들이 기다려야 한다. 또한 높은 판매율을 가진 제품들의 경우 등록과 동시에 완판이 되므로 소비자들이 경쟁을 하게 된다. 이와 같은 방식은 소셜 커머스와 비슷해 보이지만, 웹 사이트 기반과는 달리 구독자 기반으로 서비스가 이루어진다는 차이가 있다. 소비자들이 가장 이해할 수 있는 유튜버들이 품목과 수량을 정하고 공동구매를 진행하게 되는 것이다.

그렇다면 이렇게 낮은 가격에 판매를 하는데도 공동구매 진행자에게는 수익이 나올까? 생각 외로 높은 수익이 나온다. 알리익스프레스의 어필리에이트 프로그램은 동종 최고의 커미션을 제공하기 때문이다. 공동구매를 할 때는 평소에 비해서 몇 배 이상 많은 물량을 단시간 내에 판매하기 때문에 수량과 기간에 따라 수익률을 극대화시킬 수 있다. 만약 자신이 운영하는 채널의 성격과 잘 맞는 제품을 선정하여 공동구매를 진행한다면 수백만 원에서 천만 원대의 수익을 단 하루 만에 얻을 수도 있다. 공동구매를 진행하기 위해서는 이전에 판매한 경험이 있으면 유리하다. 알리익스프레스에서는 각 시즌마다 공동구매를 진행하며, 인플루언서들에게 제품 지원과 판매 당 커미션을 제공한다. 어떤 경우에는 인플루언서들이 거의 제로 마진에 가까운 마진율로 행사를 진행하여 구독자들에게 큰 할인을 제공하기도 하는데, 이 경우 소비자들은 말도 안 되는 가격에 구매하게 되고, 신규 구독자 유치에 나서기도 한다. 따라서 공동구매는 앞으로도 강력한 마케팅 수단이 될 것이다. 공동구매를 진행할 때는 무엇보다도 현재 우리 구독자 층의 니즈를 정확하게 파악하는 것이 중요하다. 타깃 연령대가 현재 어떤 것을 강력하게 원하고 있는지 분석이 된다면 폭발적인 수요를 불러오는 공동구매를 진행할 수도 있다. 언제나 소비심리를 읽는 자세는 기본이다.

알리어필리에이트에게 제공되는 통계프로그램

알리어필리에이트의 통계 프로그램은 앞에서 설명했듯 누가 언제 어디서 구매를 했는지까지 세세하게 파악할 수 있게 한다. 과거에는 이런 통계를 제공하지 않았기 때문에 피드백을 얻기 어려웠지만 지금은 이런 피드백도 쉽게 얻을 수 있어서 더 높은 수준의 리서치가 가능하다.

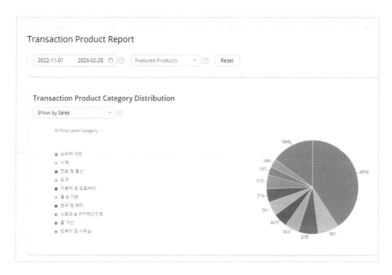

알리어필리에이트에게 제공되는 통계프로그램

공동구매의 핵심은 제한된 시간 내에 폭발력을 이끌어내는 것인데, 나는 그런 장점을 살려서 제한된 상품과 시간을 통해서 폭발적인 수요를 이끌어 내며 큰 즐거움을 느꼈던 적이 있다. 그러나 사람들에게 기대감을 심어주지 못한 경우에는 역효과가 발생할 수도 있다. 사람들에게 기대감을 주는 것은 사실 어려운 일이 아니다. 사람들의 관심사를 파악하기만 하면 가능하기 때문이다. 그러나 평소에 그것을 파악하지 않았다면 어려울 수 있다.

한 달 만에 가능한 알리어필리에이트 전문가

앞에서 챗GPT를 활용한 카테고리 제작을 통해서 알리어필리에이트의 승인을 좀 더 쉽게 받는 법을 설명했다. 챗GPT의 출현으로 인해서 블로그는 물론이고 유튜브도 좀 더 체계적으로 관리할 수 있게 되었다. 알리어필리에이트는 보통 2~3일 안에 승인이 완료된다. 승인이 완료된 후에는 알리익스프레스 안에서 자신이 강점을 내세워서 판매할 수 있는 제품들을 찾아내야 한다. 다행히 알리익스프레스는 유튜브 알고리즘처럼 추천 판매 제품들이 연관성이 높게 나온다. 내가 봤던 제품들과 유사하면서 인기가 많은 제품들을 계속해서 추천하기 때문에 번거롭게 챗GPT처럼 "당신은 000의 전문가입니다"같은 인사를 하지 않아도 된다. 그냥 알리익스프레스에 자주 접속하다 보면 그 안에 해답이 존재한다. 하지만 알리익스프레스만 보게 되면 사고의 폭이 좁아지는 단점도 있다. 그런 경우에는 더 높은 수익을 얻을 수 있는 제품들을 찾지 못하는 사태가 발생할 수 있다. 그러므로 알리익스프레스와만 친해질 것이 아니라 알리어필리에이트 프로그램에 자주 접속해서 익숙하게 사용을 하는 것이 중요하다.

알리어필리에이트 프로그램과 알리익스프레스는 동일한 ID를 사용하게 된다. 그래서 내가 알리어필리에이트에 로그인한 상태에서 알리익스프레스에 접속하면 제휴링크를 바로 만들 수 있다. 심지어 내가 보고 있는 알리익스프레스 제품의 제휴 링크뿐만 아니라 유사한 상품들 중에서 더 높은 커미션을 제시하는 제품을 볼 수도 있다.

전문가의 기준

전문가는 자신의 분야에서 평가받는 사람으로서 해당 분야에서 깊은 지식과 경험을 가지고 있으며, 그 분야에 노하우를 가지고 있는 사람이다. 그러나 전문가가 되기 위해서는 그 분야에서 지식과 경험을 쌓아야 한다. 이를 위해서는 끊임없이 학습과 경험을 쌓고, 다른 전문가들과 소통하여 최신 정보와 지식을 습득해야 한다. 또한 전문가는 그 분야에서 인정받을 수 있는 업적을 쌓아놓고 있어야 한다. 이를 위해서는 경험과 지식을 바탕으로 문제를 해결하고, 혁신적인 아이디어를 제시할 수 있어야 한다. 이러한 능력은 전문가로서 평가 받을 수 있는 기준이 된다. 전문가가 되기 위해서는 지속적인 노력과 열정이 필요하다. 특히 최근에는 전문가가 되는 것이 어려운 것이 아니라, 독특한 시각과 창의적인 아이디어로 성공할 수 있는 분야도 많아졌다. 이를 위해서는 자신의 관심 분야에 대한 깊은 지식과 열정을 가지고, 다른 사람들과 소통하며, 새로운 시도를 해보는 것이 필요하다. 또한 지속적인 자기 계발과 학습도 필요하다. 새로운 기술과 도구, 분석 방법 등을 습득하여 자신의 분야에서 성공할 수 있도록 노력해야 한다.

전문가가 되기 위해서는 적극적인 태도와 자신감도 필요하다. 자신의 분야에서 새로운 시도를 할 수 있어야 한다. 전문가는 자신의 경험과 지식을 바탕으로 다른 사람들을 가르치고, 조언해 주는 역할도 맡아야 한다. 이를 위해서는 자신의 지식을 체계적으로 정리하고, 다른 사람들에게 지식을 공유해야 한다. 마지막으로, 전문가는 항상 변화하는 시대에 적응할 수 있는 능력을 가져야 한다. 새로운 기술과 트렌드에 대한 지식을 습득하고, 다양한 시도를 하며, 적극적인 자세로 변화에 대응해야 한다.

알리어필리에이트 전문가란?

알리어필리에이트 전문가는 매우 희소하다. 사람들은 아직도 알리익스프레스에서 소비만 하고 있다. 우리는 언제나 생산자적인 관점에서 기회를 얻어야 한다. 알리어필리에이트 전문가 영역은 대부분 공석이다. 나는 가전기기 부분을 잘 알기 때문에 많이 진행을 해보았다. 그리고 이제는 다른 분들께서 진출하기 시작했다. 그렇다면 나에게 매출 타격이 컸을까? 그렇지 않았다. 물론 세부적으로 완전히 겹치는 부분만 가지고 서로 경쟁을 한다면 문제가 있을 수도 있겠지만, 다른 분들이 관심 갖는 영역과 내가 관심을 갖는 영역은 조금이라도 다르기 때문에 그분들은 그분들대로 매출을 올리고 나는 신기록을 세우며 매출을 늘려나갈 수 있었다.

어떤 제품이 잘 팔리는 것을 보고 그것에만 홍보를 진행하기보다는, 자신이 직접 먼저 써보거나 정말 갖고 싶었던 제품들의 카테고리 군에서 활동하는 것이 가장 빠르게 전문가 영역에 이르는 길이다. 평소에 관심을 가졌던 분야라면 따로 공부할 필요도 없이 이미 많은 정보를 갖고 있을 것이기 때문이다. 이처럼 전문가라고 하면 어려운 영역에 무슨 자격증이 필요한 것 같지만, 나만의 노하우로 실제 활동을 하면서 많은 검증을 거치면 그 자체가 전문가로 가는 길이 될 것

2장. 돈은 온라인으로 흐른다

이다. 물론 다른 사람들에게 내가 전문가임을 밝히고 문제를 해결한다고 하면 풍부한 경험과 전문 지식이 동반되어야겠지만, 아직까지 알리어필리에이트에서 모든 것을 전지전능하게 다 아는 사람은 없다. 모두가 배우고 실행하며 수익을 얻는 초기 단계이기 때문이다.

쿠팡 파트너스 VS 알리어필리에이트

나는 쿠팡 파트너스로도 활동을 해왔다. 그리고 월 수익 1000만 원 돌파는 물론이고 한국에서 가장 많은 가전제품을 판매한 전력도 갖고 있다. 그러나 내가 알리어필리에이트를 추천하는 이유는 간단하다. 무엇보다 쿠팡에 비해서 신기한 제품들이 빨리 업로드된다는 점이다. 그럴 수밖에 없는 것이 가전제품들 중에 국내 브랜드 제품들은 품질도 좋고 디자인도 좋지만 반대로 AS 비용, 광고료 등으로 인해 제품 가격이 지나치게 높은 것들이 많다는 것이다. 그래서 사람들은 합리적인 소비를 하기 위해서 해외 직구를 하는 것이다. 쿠팡 역시 해외직구 프로그램이 있지만 기본적으로 알리익스프레스보다 비싼 제품들이 많고 제품의 출시 시기가 늦다. 알리익스프레스는 직구 전문 사이트이기 때문에 행사 가격을 매우 낮춰서 사용자들이 구매하도록 하는 이벤트들을 많이 진행한다. 누구나 구매 욕구를 가질 수밖에 없는 가격을 제시하기 때문에 어떤 상품이든 구매 전환율이 매우 높다.

쿠팡은 로켓 배송이라는 장점이 있는 것처럼 알리익스프레스는 한국과 가까운 산동지역에 물류센터를 개설했다. 그리고 직구 기간을 5일로 단축하였으며 실제 구매자 중에 무려 3일만에 제품을 받는 경우도 있다. 이런 물류의 발전은 아직 시작도 되지 않았으며, 이제 국내에 구축하는 물류센터까지 완성되고 나면 직구와 관련된 부분은 알리익스프레스에서 더 큰 파이를 가져가게 될 가능성이 높다.

알리 VS 쿠팡! 커미션은 누가 더 많이 주나?

쿠팡 파트너스의 커미션은 기본 1~3%다. 인플루언서 등급까지 상향되면 5%의 커미션을 받을 수 있다. 물론 이 정도로도 높은 수익을 얻을 수 있을 것이다. 그렇다면 1만 원짜리 제품을 판매했을 때의 수익을 기준으로 계산해 보겠다.

1만 원 × 1% = 100원

1만 원 × 3% = 300원

1만 원 × 5% = 500원

알리익스프레스의 커미션은 3~11%다. 현재 내가 가장 많이 적용받는 커미션은 7%다. 1만 원짜리 제품을 판매했을 때 받게 되는 커미션을 계산해 보겠다.

1만 원 × 3% = 300원

1만 원 × 7% = 700원

1만 원 × 11% = 1,100원

알리어필리에이트가 공동구매로 커미션 7%인 가전제품을 판매한다고 가정하면 20만 원짜리 제품을 하나 팔 때 마다 14,000원을 받게 된다. 100개 공동구매 완판 시 140만 원, 200개 완판 시 280만 원이다. 그리고 공동구매를 진행할 때 단 한가지의 제품을 진행하지 않고 몇 가지 제품들을 섞어서 판매하는 경우가 많다. 이런 조건의 제품이 4가지가 된다면 진행 후 받는 커미션은 1120만 원, 5가지를 진행할 경우 1400만 원까지 가능하다. 거기에 사람들이 공구기간 동안 구매하면서 다른 상품들까지 담게 될 경우 모두 구매 실적으로 인정되어 커미션을 받게 된다. 그런 경우엔 최대 수익이 1400만 원이 아니라 그 이상도 가능하다.

알리익스프레스만의 특별 커미션을 쿠팡은 제공하지 않는다. 알리어필리에이트를 하면서 가장 많은 수익을 얻을 수 있는 것은 회원가입 당 받는 수익이다. 일반적으로 3달러에서 4.5달러를 받는 데, 현재 환율 적용 시 4000원에서 6000원 정도를 받을 수 있다. 내가 만든 링크를 통해 알리 회원가입을 유도한 경우 약 5000원에 해당하는 금액이 커미션으로 인정된다. 그러나 쿠팡에서는 새로운 회원을 유치했다고 하더라도 커미션을 제공해주지 않는다.

공동구매를 진행하면 알리익스프레스를 처음 이용하는 이용자들이 대거 유입되므로, 신규 회원 유치 커미션도 상당히 많이 받을 수 있다. 예를 들어 공동구매 판매 수수료로 1000만 원의 수익을 올릴 경우 그 중에 회원가입을 하는 사람이 많이 생길 것이고, 추가로 신규 회원 유치 실적 커미션으로 받을 수 있다. 이런 이유로 알리익스프레스 가입자 수는 계속해서 늘어나고 있다.

알리익스프레스에 가입할 수밖에 없는 이유

사람들은 알리익스프레스에 쉽게 가입한다. 로그인 방식이 편리한 것도 한몫을 한다. 과거에는 알리익스프레스 기본 로그인이 페이스북 또는 알리익스프레스 자체 회원 가입으로 이루어졌지만,

이제는 네이버나 카카오톡 아이디로도 알리익스프레스 회원 가입이 가능해졌다. 알리익스프레스는 한국 사용자들에게 맞도록 현지화를 통해 해외 직구 서비스를 한국 서비스처럼 편리하게 이용할수 있도록 노력하고 있다. 해외 쇼핑몰에서는 이러한 서비스 개선사항을 찾기 어려웠고 구글 로그인이나 페이스북 등 해외 SNS 서비스 ID를 사용해야 했다. 알리익스프레스는 현지화를 통해 한국의 쇼핑몰과 같이 편리하게 이용할 수 있는 서비스를 더 확장하고있다.

 **+**

<table>
<tr><td>회원가입</td><td>조회 수익</td></tr>
<tr><td>링크 클릭 구매</td><td>광고</td></tr>
<tr><td>공동구매</td><td>협찬</td></tr>
<tr><td>⋮</td><td>멤버십</td></tr>
<tr><td></td><td>후원</td></tr>
<tr><td></td><td>커미션</td></tr>
<tr><td></td><td>⋮</td></tr>
</table>

당신은 하나의 기업이 된다

3장. 유튜브와 알리어필리에이트

유튜브 시작이 두렵다면

블로그가 아닌 유튜브를 추천하는 이유는 간단하다. 유튜브는 누구나 진출하기에는 약간의 진입 장벽이 있다는 점이다. 구글은 유튜브에서 더 많은 영상이 검색되기를 원하지만 실제로 검색에 나오는 영상들 중에는 오래전에 올린 영상들이 꽤 많다. 심지어 검색어와 다른 영상들도 연관 영상이라고 보여주는 것이 유튜브의 현주소다. 이 말은 결국 웬만한 영상은 유튜브 측에서 검색에 잘 걸리도록 해주며 추천 영상을 통해서 나의 채널을 띄워줄 가능성 역시 높다는 것이다. 하지만 이 모든 것은 현재의 상황일 뿐이고 막상 유튜브를 시작하려고 하면 어렵게만 느껴진다. 그렇다면 보통 어떤 점을 어려워할까? 첫 번째는 계속 설명하고 있는 기술적인 부분일 것이다. 유튜브는 블로그와 다르게 기획, 촬영, 편집이라는 요소가 필요하다. 그리고 좀 더 전문적으로 들어가면 조명이나 카메라 마이크 같은 장치도 필요하다.

하지만 이제 유튜브의 기술적 장벽은 10년 전과 완전히 다르게 바뀌었다. 예전에는 비디오 캠코더가 비싸서 대중적이지 않았지만, 지금은 모든 스마트폰에 그 기능이 있다. 기획을 위해서도 예전에는 많은 지식이 필요했지만, 지금은 검색뿐만 아니라 챗GPT

등의 새로운 기술이 생겼다. 또한 편집 기술의 경우 애프터 이펙트 등 다양한 기술을 사용할 수 있지만, 컷 편집 기술만으로 조회수 100만 영상을 만들어내는 경우가 있다. 다양한 매체나 책을 통해 얼마든지 쉽게 공부할 수 있다. 특별한 기술은 구독자가 10만 명을 넘을 정도로 안정적인 수입이 생겼을 때 취미 삼아 배워도 좋다. 항상 시청자들이 원하는 것은 예쁜 영상이 아닌 유용한 정보임을 명심해야 한다.

수익을 1000% 올려주는 유튜브 섬네일

유튜브를 시작하면 영상 촬영기기도 사고 영상 편집을 위해서 컴퓨터도 바꾸게 된다. 스마트폰으로 촬영한 후 마이크가 마음에 들지 않아 마이크도 새로 구입한다. 그런데 정말 중요한 것은 그런 장비들이 아니다. 다시 한번 강조하지만 가장 중요한 것은 콘텐츠에 유용한 정보를 담는 것이다. 유용한 정보는 그 어떤 멋진 영상도 이길 수 있다. 시청자들이 크리에이터에게 기대하는 것은 그동안 모르고 있던 숨은 정보다. 그런 정보를 제공하면 일반적인 유튜버들보다 높은 수익을 올릴 수 있는 것이다. 그러나 아무리 유용한 정보를 제공한다고 하더라도 이것을 눈에 띄게 만들어야 한다. 그것이 바로 섬네일의 힘이다. 멋진 포장이 되어 있어야 그 안에 들어있는 선물도 좋은 것이라고 추측하게 되며, 포장을 뜯어내야만 속에 든 선물을 볼 수 있는 것과 마찬가지다. 영상이 플레이되기 전에 반드시 거쳐야 하는 것이 섬네일이다. 나는 단 하나의 기준으로 섬네일을 만들고 있다.

초보 유튜버들이 섬네일을 만들 때 가장 어려워하는 점이 어떻게 주목을 시킬 수 있느냐다. 그래서 섬네일을 소심하게 기획하는 경우가 많다. 하지만 섬네일은 기본적으로 절반은 어그로_{인터넷 게시판 등에서 관심을 끌기 위해 자극적인 내용을 올리는 것}가 들어가야만 한다. 수많은 자극적인 섬네일 가운데 내 영상이 부각되기 위해서는 눈길을 끌고 호기심이 생기게 해야 하기 때문이다. 그리고 반드시 사실을 기반으로 한 어그로를 만들어야 한다.

가독성을 높이라

섬네일은 스마트폰과 태블릿, PC 등 어떤 화면에서도 잘 보이도록 만들어야 한다. 화면이 작은 상황에서도 클릭이 일어나도록 만들어야 한다. 섬네일을 제작하는 기준은 한 가지다. 그 섬네일을 보고 전체 동영상이 보고 싶어 져서 클릭하게 만드는 것이다. 클릭으로 이끄는 데는 거짓이 있으면 안 된다. 영상에 나오지 않는 내용을 홍보하게 되면 영상을 끝까지 보지 않는 이탈이 많아지게 되어 유튜브가 점차 그 영상을 숨겨버리기 때문이다.

가독성이 좋은 화면을 만들 준비가 되었다면 그 안에 어떤 글씨와 사진을 넣을지 기준을 정해야 한다. 나는 보통 영상에서 소개하고 싶은 단 하나의 스토리를 한 줄로 표현하기 위해 노력한다. 우리가 소개하는 제품들의 경우엔 수 십 가지의 스펙이 조합되어 있는 경우가 많은데, 그 스펙들이 모여서 하나의 정답을 만들어 내는 것이다. 보통 제조사들은 여러 목적으로 제품을 만들지만 그래도 가장 크고 분명한 목적이 있을 것이다. 그 목적이 주는 의미를 반드시 이해하고 섬네일에 표현해내야 한다. 만일 그런 기준에 부합하지 않은 섬네일을 제작하게 되면 아무리 멋진 영상을 만들어도 아무도 클릭하지 않고 아무도 보지 않는 영상이 될 수 있다.

유튜브 클릭률을 확실히 올려주는 치트키

섬네일에는 클릭을 유도하는 낚시 기능을 넣기 마련이다. 그것을 후킹이라고 하는데 꼭 나쁜 것만은 아니다. 수많은 영상들 중에서 시청자들이 클릭할 수 있는 영상을 만들어야 하기 때문에 시청자들이 원하는 요소를 넣어야 하는 것이다. 그러나 앞서 말한 바와 같이 거짓 내용이 있는 경우엔 시청자들이 영상 초반에 이탈하기 때문에 오히려 채널에 악영향을 줄 수 있다. 클릭률이 중요하지만 본 영상을 끝까지 시청하게 하는 섬네일을 만들어야 한다.

키워드는 000이 목숨만큼 중요하다

구매 전환율이 높은 0000 키워드

태그는 몇 개나 넣어야 할까?

키워드를 자동으로 입력해 주는 프로그램

경쟁자들의 키워드 분석하는 법

알리어필리에이트 월 1000만 원 수수료를 만드는 핵심 키워드

1. 세계최고

2. 가성비 추천

3. 미친 가성비

4. 000는 큰일 났네

5. 놀라운 변화

6. 3만 원대, 5만 원대, 10만 원대

7. 추천5, BEST5

8. 전문가들도 몰랐던 특징

9. OOO이 잘되는 OOO 추천

10. 삶의 질을 올리는 OOO 추천

11. 구매자 99%가 만족하는 OOO 추천

12. OOO 사지 마세요

13. 안 사면 손해 보는 OOOO

14. 집에 없으면 손해 보는 OOOO

15. 신박한 아이템 BEST5

16. 2023년 가장 많이 팔린 인기 아이템

17. OO 전문가 99%가 추천하는 OO 아이템

18. 출시 즉시 품절되는 OOOO

19. 할인할 때 무조건 질러야 하는 OOO

20. 한 달 판매량 BEST

21. 알리익스프레스 광군제 BEST

22. 싸다고 무시하면 안 되는 차량용품 OOOO

23. 가장 핫한 3만 원대 스마트워치 추천

24. 한국인만 모르는 OOOO

25. 10만 원대 이하 Best OOOO

26. 나만 모르는 가성비 아이템

27. 90% 할인 공구쿠폰 제공 ……

위의 키워드들에서 보여 주는 가장 중요한 것은 이 영상의 정보들을 내가 모른다는 확신을 준다는 것이다.

유행템 vs 필수템

우리가 가지고 싶은 물건 중에는 필수품과 그냥 사고 싶은 것들이 있다. 그래서 필요한 것은 아니지만 재미를 위해 구입하는 아이템들도 많다. 필수품은 한 번 구입하면 꾸준히 반복해서 구입하게 되는 경우가 많다. 이런 아이템을 소개하는 영상을 만들면 한 번 판매한 후에도 꾸준한 수요가 일어날 수 있다. 유행을 타지 않는 제품군이라서 오랫동안 인기가 유지될 가능성도 있다. 처음에는 조회수가 적어서 실망스러울 수 있지만, 꾸준히 조회수가 발생하면서 몇 년이 지나도 그 영상의 가치는 유지될 수 있다.

유행템의 경우는 처음에는 반짝 히트를 칠 수 있지만 금세 조회수가 줄어들어 몇 개월 혹은 몇 년이 지나면 아무도 그 영상을 찾지 않게 된다. 따라서 필수품을 골라 꾸준한 판매를 유지하면서 재미있는 유행품도 확보하는 것이 좋은 방법이다. 일반적으로 유행템이 인기가 폭발적으로 늘어날 수 있는데 사람들은 재미있는 것에서 큰 호감을 느끼기 때문이다. 이러한 영상이 해당 채널에서 계속 나올 수 있다는 기대감 때문에 구독자들은 해당 채널을 구독하게 된다. 채널을 처음 시작할 때는 구독자 수가 적어서 상대적으로 빠르게 증가한다. 유행템은 높은 구독자 전환을 이루어 채널의 성장을 견인하게 된다. 그러나 일정 수준 이상이 되면 정체기가 오게 된다. 이때 유행템뿐만 아니라 필수템들이 넓게 포함되어 있으면 소비자들은 이 채널에 유용한 정보가 많다고 인식할 확률이 높아진다.

유튜브 구독자를 꾸준히 늘리는 건 '진심'

알리어필리에이트를 할 때 네이버 눈치 볼 것 없이 활동할 수 있는 곳은 역시 유튜브다. 구독자가 없는 채널의 영상을 띄워주는 초심자의 운은 분명 유튜브에 존재한다. 그러나 안정적인 운영을 위해서는 어느 정도 구독자가 꾸준히 늘어나는 것이 좋다. 그렇게 되면 검색엔진이나 유튜브 추천에 기대지 않더라도 충분히 구독자 기반의 비즈니스를 형성할 수 있다. 어느 정도 구독자가 생기게 되면 아래와 같은 이득이 덩달아 생긴다. 첫째, 협찬단가가 상승한다. 둘째, 기본 조회수가 상승한다. 셋째, 팬덤 형성으로 재미와 보람을 느끼게 된다.

인터넷으로 수익을 내는 일에 있어서 가장 힘든 것은 외로움이다. 그것을 이기는 힘은 구독자라는 존재다. 구독자들이 없다면 유튜브를 즐기는 재미도 없을 것이다. 유튜브 시청자들은 자기가 좋아하는 채널에 구독을 누르는 것이 보편화되어 있다. 그래서 진심으로 유용한 정보를 올리게 되면 어느새 구독자들은 늘어나게 된다. 시청자에게 유익한 정보를 전달하는 1인 미디어라는 사명감을 잊어서는 안 된다.

그렇다면 시청자들에게 확실히 도움이 되는 정보란 어떤 것인가? 그것은 그 영상을 끝까지 시청하게 하는 내용이다. 어떤 면에서든 도움이 되어야만 끝까지 보게 된다. 인트로가 너무 길어서 초반부에 지루함을 느끼면 시청자들의 시간을 버리게 하는 것이며, 플레이를 멈추게 한다. 본론을 빠르게 전달하는 것도 중요하다. 그러나 알맹이만 담으면 재미가 없을 수 있어 스토리텔링 요소도 추가하는 것이 좋다. 구독자가 내 이야기를 어느 부분에서 들어주다가 이탈하는지 파악하기 위해 차트를 만들어 보는 것도 좋다. 이렇게 하면 시청자가 좋아하는 영상을 만들 수 있다. 이탈이 일어나지 않으면 유튜브에서는 영상의 질이 좋다고 판단하고, 구독자를 늘려주기 위해 새로운 시청자를 채널로 유입시켜 준다.

영상 당 조회수에 따른 구독자 증감 기준은 명확하지 않다. 그러나 몇 천 명이 보던 채널의 영상이 몇 십만 단위로 조회수가 늘어나면 구독자는 기하급수적으로 늘어난다. 나의 채널 규모를 뛰어넘는 영상들이 많아질수록 신규 구독자가 늘어날 수 있으므로, 영상을 끝까지 볼 수 있도록 제작해야 한다.

끝까지 보게 하는 매력적인 인트로 만들기

이전에는 유튜브도 TV의 형식과 유사하게 인트로에 음악과 그래픽을 많이 넣었다. 그러나 이제는 유튜브에서 초반 이탈자가 생기지 않도록 인트로를 짧게 하는 추세가 되었다. 끝까지 보지 않는 사람들이 대부분이므로 오랫동안 볼 수 있도록 초반부에 이 영상이 어떤 내용인지 짤막하게 정리해 주는 것이 좋다. 섬네일이 클릭을 하게 만드는 요소라면 인트로는 영상을 끝까지 보게 하는 힘이 된다. 그래서 인트로 영상에서 매력적인 요소가 없다면 빠른 이탈이 시작되므로 초반 30초에 많은 매력을 발산하는 것이 중요하다. 알리익스프레스에 있는 제품을 설명하는 인트로를 만들게 되면 그 제품에서 강조할 부분을 빠르게 요약해 주는 것도 방법이다.

그러나 이렇게 해도 구독자 수가 늘지 않을 수 있다. 왜 그럴까?

알리어필리에이트 프로그램은 매우 유용한 수익 창출 방법 중 하나이지만, 알리익스프레스에서 판매되는 제품을 소개하는 것 만으로 구독자 수를 높이기에는 한계가 있다. 이를 해결하기 위해서는 구독자들의 니즈에 맞춰서 콘텐츠를 제작해야 한다. 이를 위해서는 구독자들과의 소통이 매우 중요하다. 구독자들의 의견을 수집하고, 그에 맞게 콘텐츠를 수정하고 발전시켜 나가는 것이 필요하다.

콘텐츠의 질도 중요하다. 구독자들이 좋아하고, 유용하게 생각하는 콘텐츠를 제공해야 한다. 이를 위해서는 콘텐츠 제작에 충분한 시간과 노력을 들여야 한다. 적극적으로 리서치하고, 새로운 아이디어로 콘텐츠를 다양하고 흥미롭게 제공할 수 있어야 한다. 또한 적극적인 마케팅도 중요하다. SNS를 통해 구독자들과의 소통을 활발하게 하고, 새로운 구독자를 유치할 수 있는 마케팅 전략을 구상해야 한다.

마지막으로, 협력이 중요하다. 다른 유튜버나 블로거와의 협력을 통해 새로운 시도를 할 수 있고, 더 많은 구독자를 확보할 수 있다. 협력은 기존 콘텐츠를 발전시키고, 새로운 아이디어를 도출하는 데에 매우 효과적이다. 이런 방법들을 적극적으로 시도하면서 구독자 수를 높일 수 있다.

천만 원씩 수익 올리는 아이템 X파일

알리어필리에이트는 세계적으로 이용되는 프로그램이다 보니 100% 한국 사람들에게 맞는 통계를 확인할 수는 없다. 그래서 한국에서 잘 팔리는 아이템 목록을 먼저 알고 판매를 시작하면 앞에서 습득한 기술들을 훌륭하게 실제 판매로도 이어갈 수 있다. 국내에서 많이 팔리고 가격대가 비중 있는 제품들만 골라보았다.

드론, 무선청소기, 로봇청소기, 충전기, 휴대용 모니터,

태블릿, 빔 프로젝트, 스마트워치, 스마트폰

드론은 4개의 프로펠러를 이용하여 하늘을 나는 무선 조종 헬리콥터, 즉 쿼드콥터Quadcopter다. 일반 헬리콥터에 비해서 상하 좌우 이동이 자유롭다. 최근에는 드론의 성능이 높아지고 가격은 낮아졌다. 그래서 가성비 드론을 활용한 취미가 많아지고 있다. 드론으로 촬영을 하기도 하며 장난감 RC카처럼 드론을 날리며 놀기도 한다. 예전에 드론은 최첨단 기술이 적용된 기기로 가격이 매우 비쌌다. 일반인들이 구입하기엔 불가능한 가격이었으나 이제는 스마트폰으로 조종이 가능한 드론까지 몇 만 원대로 가격이 떨어졌다.

로봇청소기는 자동으로 바닥을 청소해 주는 로봇 기기로, 센서와 소프트웨어를 이용하여 먼지나 이물질을 감지하고 청소하는데 사용된다. 아직까지 무선청소기처럼 보급이 되지 않았으나 최근 본격적인 로봇청소기 경쟁이 시작되었다. 과거엔 100만 원대 제품만 LDS센서가 장착되어서 장애물을 피할 수 있었다면 이제는 10만 원대 제품에도 장착되어 집에 사람이 없을 때 자동으로 청소를 해준다. 집을 나갈 때 로봇청소기를 돌리고 나가면 귀가 후 말끔해진 집을 체감할 수 있어서 만족도가 매우 높다. 알리익스프레스의 효자 상품에 해당한다.

최근에는 스마트 기기가 다양하게 출시되기 때문에 충전하는 것도 번거로운 일이 되었다. 사용시간도 하루 남짓이기 때문에 좋은 충전기는 필수품이 되었다. 단순히 1구짜리 스마트폰 충전기는 과거의 이야기가 되었으며. 스마트폰, 스마트워치, 무선이어폰 등을 모두 무선으로 충전하는 몇 만 원짜리 충전기까지 출시되어 인기리에 판매 중이다. 할인 이벤트를 하게 되면 매번 수 천 개가 판매될 정도로 인기가 식을 줄 모른다.

휴대용 모니터는 이동 중에도 사용할 수 있는 휴대용 디스플레이로, 노트북이나 스마트폰과 같은 기기와 연결하여 활용할 수 있다. 인터넷을 기반으로 하는 작업이 확장이 되다 보니 이제 모니터 하나로 업무량을 소화할 수 없다. 그렇기 때문에 휴대용 모니터를 활용하게 되는데 과거엔 고가라 구입이 어려웠지만, 이 역시 10만 원 전후대로 떨어지면서 판매량이 급증하고 있다. 여러 유튜버들이 이 상품을 공동구매하여 상당한 수익을 얻고 있다.

태블릿은 화면은 크지만 CPU 성능이 떨어지는 저가형이 과거엔 인기가 없었다. 그러나 이제는 저가형 태블릿 역시 CPU성능이 상향 평준화 되면서 과거의 플래그십 스마트폰 못지않은 성능을 보여준다. 알리익스프레스에서는 10만 원대 가성비 태블릿이 매년 출시되고 있으며 역시 수천 개가 한 번에 판매될 정도로 매년 인기가 상승하고 있다.

빔 프로젝트는 이미지나 비디오를 벽이나 화면에 투사하여 큰 화면으로 볼 수 있도록 하는 장치다. 집을 영화관처럼 만들 때 사용된다. 과거엔 낮은 해상도와 비싼 가격 때문에 TV를 대체할 수 없었지만 이제는 가격은 저렴하면서 화면 크기를 TV의 몇 배로 볼 수 있는 매력적인 제품이 되어 판매량이 급증했다. 현재는 가격이 더욱 떨어져서 10만 원대 이하의 제품도 찾을 수 있다.

스마트워치는 시간을 보여주는 기능 외에도 스마트폰과 연동하여 알림이나 걸음 수, 심박수 등의 정보를 제공하는 휴대용 기기다. 스마트폰에 있는 기능 일부를 손목 위에서 보여주면서 불편하게 스마트폰을 매번 꺼내지 않고 사용할 수 있도록 도움을 준다. 애플워치가 수십만 원인 반면 가성비 스마트폰은 몇 만 원대에 출시되면서 현재 많은 인기를 얻고 있다.

수천 개씩 팔리는 제품의 공통점

협찬을 받기 위해서든 제품을 소개를 한 후에 링크를 통해서 수익을 올리기 위해서든, 온라인 사업의 핵심은 어떤 것을 강조할 것인가이다. 최근에 나오는 스마트한 기기들은 너무 많은 기능을 갖고 있다. 그래서 다양한 장점들을 지나치게 많이 강조하면 오히려역효과가 난다. 아주 잘 팔리는 경우를 보면 제품의 특성이 한마디로 정의되는 경우다. 무엇이 좋다는 것이 딱 느껴지게 콘텐츠를 집중해서 만들어야 한다. 다시 말해서 너무 많은 장점을 다 녹아내려하면 소비자들은 내용을 보다가 지치게 되고, 특정한 장점이 무엇인지 알 수도 없게 된다. 소비자에게 이런 이유 때문에 이 제품을 사라고 정해주고, 일목요연하게 설명해 줄 때 구매가 일어난다.

앞에서 예를 든 제품들은 내가 소개 후 1000만 원 이상의 수수료 수익을 올린 카테고리이며 현재도 많은 수익을 올리고 있는 아이템이다. 앞으로 더욱 발전할 수 있는 분야이기도 한다. 자세히 보면 공통점이 있다. 바로 한 가지의 대단히 강력한 특징을 가진 제품들이라는 것이다. 드론은 하늘을 자유롭게 날아다니며 촬영한다. 무선청소기는 선이 없어서 편리하다. 로봇청소기는 청소할 때 아무것도 신경 쓸 필요가 없다. 스마트워치는 기능이 편리하고 저렴하다. 이렇듯 제품의 특성이 강력할수록 판매량이 높다. 치타는 잘 달리고 독수리는 높이 멀리 하늘을 날아갈 수 있다. 이처럼 각각 이미지가 선명한 제품일수록 짧은 시간에 소비자들의 눈에 들어올 수 있고 인터넷에 잘 맞는 제품성격을 갖고 있는 것이다.

단순히 싸다고 해서 팔리는 시대는 끝났다. 그래서 제품의 개성이 어떤 것인가에 따라서 소구점이 결정된다. 내가 주로 스마트 가전기기 분야를 선정하는 이유는, 그것이 사람들의 삶을 편리하게 만들기 위해서 제작되었다는 것이다. 그래서 높은 판매량을 올릴 수 있다는 자신감이 생기기 때문이다. 하지만 단순히 스마트 가전 기기 분야라고 해서 다 잘 팔리는 것은 절대 아니며, 그 카테고리 안에서도 한 단어로 장점을 압축시킬 수 있어야 한다.

자동으로 판매를 부르는 히든카드

우리는 끊임없이 무언가를 소비하는 시대에 살아가고 있다. 그리고 세상은 온통 광고로 넘쳐난다. 그 가운데 그것이 유익한 정보인지 아닌지 구별해야 하는 것도 스트레스라고 호소하는 사람들이 많다. 소비자들은 제품 하나를 구입하기 위해 몇 시간 동안 온갖 정보를 알아보다가 지쳐서 사기 싫어지기까지 한다. 반대로 판매자들은 모두가 치열하게 경쟁을 한다. 이런 일이 발생하는 이유는 무엇일까? 바로 자신이 판매하는 제품이 정확히 무엇인지 모르거나 설명하지 못하는 경우다. 알리어필리에이트는 이런 문제점을 보완해서 소비자와 판매자를 연결해 주는 역할을 한다. 철저히 소비자들을 이해한 상태에서 그 제품을 꼭 필요한 사람들에게 저렴하게 구매할 기회를 제공하는 것을 목표로 활동하는 것이다. 다른 매체보다 유튜브의 인기가 높은 이유 역시 소비자들의 측면에서 정보가 제공되기 때문이다. 알고리즘조차 사용자들에게 유익한 영상, 오랫동안 시청되고 공유되는 영상으로 연결되기 때문에 더욱

3장. 당신은 하나의 기업이 된다

유용하다. 자동으로 판매가 진행되기 위해서는 단순히 제품을 파는 것이 아니라 소비자가 무엇을 필요로 하는지 이해하는 것이 중요하다. 주요 스펙에서 단 한 가지로 압축하면 할수록 특성이 살아나는 홍보가 가능한 것처럼, 우리는 소비자들의 니즈에 부합하는 제품을 고르는 것이 중요하다. 만일 필요하지 않은 제품을 골라서 소개하게 될 경우 어떤 마케팅을 동원하더라도 판매가 어려워질 수 있다. 좀 더 본질적인 측면을 보자.

자동차, 컴퓨터, 시계, 신발

이런 단어를 보게 되면 연상되는 것들이 있다. 자동차는 잘 달리고 안전해야 한다. 그런 능력이 부족하면 자동차로써의 기능은 상실한 것이나 마찬가지다. 컴퓨터 역시 처리속도가 빨라야 하며 안정성과 호환성이 뛰어나야 한다. 시계는 시간이 정확해야 하며 신발은 발을 잘 보호하고 걸을 때 편해야 한다. 이런 부분만 잘 지원이 돼도 일단 소비자의 마음을 절반은 열게 된다. 수많은 제품들이 너무 많은 기능에 집중하다 보니 오히려 본질을 놓치는 경우가 많다. 각각 제품들의 특성을 정확히 히든카드에 담을 때 소비자들이 쉽게 선택하도록 하는 목적을 달성할 수 있다.

본격적으로 100만 원 벌어보기

사업을 하려면 목표가 있어야 한다. 수익을 올리다 보면 100만 원을 돌파하는 구간이 발생하게 된다. 그렇다면 알리어필리에이트에서 대략 100만 원의 수익을 올리기 위해서는 어떻게 해야 할까?

3만 원짜리 7% 커미션 = 2100원 × 500개 판매하기

10만 원짜리 3% 커미션 = 3000원 × 300개 판매하기

20만 원짜리 7% 커미션 = 14000원 × 70개 판매하기

위의 예시처럼 알리어필리에이트의 커미션은 모두 다르다. 그리고 내가 판매했던 드론의 경우 커미션이 11%에 해당했다. 커미션이 11%인 경우에는 판매 금액대가 적다고 하더라도 높은 수익이 발생한다. 드론의 경우 200대만 판매되면 100만 원의 수익이 발생했다. 그러므로 똑같은 제품을 판매한다고 하더라도 커미션이 너무 적은 상품을 홍보할 경우와 반대의 경우 최대 수익률이 10배 차이가 나게 된다. 특정 판매자가 좋고 나쁘고의 문제가 아니라 처음 판매할 때 어필리에이트 프로그램에 얼마나 수익을 할당할 것인가 하는 세팅의 문제다. 그래서 대부분 3~7%대이지만 수수료 10% 이상의 제품들도 어필리에이트에서 찾을 수 있으므로 꼭 검

색을 통해서 비교 후 등록을 해야 한다. 그렇게 되면 100만 원대 수익을 얻기 위해서는 얼마짜리를 어느 정도 커미션으로 진행하면 될지 윤곽이 잡힌다. 이렇듯 목표 설정 후에 맞는 제품을 찾는 것이 수익이 훨씬 높게 발생한다.

300만 원 수익대로 올라서기

300만 원을 벌기 위해서는 두 가지 방법이 있다. 한 번에 높은 판매를 끌어올리는 방법과 꾸준히 판매되는 제품을 누적해서 판매하는 것이다. 이슈가 되는 제품들은 높은 인기가 있는 반면 반대로 리스크가 존재한다. 왜냐하면 뭔가 이슈가 된다는 것은 개성이 강하다는 것을 뜻하기 때문이다. 그래서 개성이 강한 제품만 리뷰를 하게 되면 유저들의 호불호가 매우 강하게 적용된다. 이슈가 될 만한 개성이 강한 제품과 동시에 보편적으로 판매되는 제품을 섞어서 리뷰를 진행하는 것을 추천한다. 보편적으로 누구나 관심 가질 제품들은 강한 이슈가 되지 않더라도 꾸준한 조회수가 보장되기 때문에 안정적인 수익을 올리기에 좋다.

이슈성 제품 목표 수익 100만 원 + 보편적 제품 200만 원

보편적 제품 200만 원 + 이슈성 제품 100만 원

이렇듯 어떤 유형의 제품으로 수익을 낼 것인지 목표 금액을 생각한 후에 제품의 리뷰 목록을 정하게 되면 설정이 쉽다. 그냥 돈만 많이 벌면 된다는 식으로 목표를 진행하게 되면 쉽게 지칠 수밖에 없다. 판매량을 이해한 상태에서는 조회수가 어느 정도 나와야 하는지 목표를 잡게 된다. 제품이 정말 매력적인 경우에는 10만 명이 조회한 후에 2,000~5,000개가 판매되기도 한다. 이런 경우는 가격대가 낮아야 하는 특성이 있다. 그러면 영상을 본 후에 원래 계획에 없었던 시청자도 쉽게 구매로 이어지게 하는 마법이 펼쳐진다.

마법처럼 1000만 원을 벌어보자

'마법처럼 1000만 원을 벌어 보자'라고 설명하는 이유는 내가 300만 원의 수익을 올렸을 때와 똑같은 노력을 했음에도 수익이 1000만 원을 돌파하는 경험을 했었기 때문이다. 이렇게 되면 효율이 3배 올라가게 되는데 무엇보다 사람들이 구매를 잘하는 일명 '황금 구간'을 발견했기 때문이다. 마법처럼 많은 사람들이 구입하는 황금 구간은 바로 3~10만 원 정도의 가격대에서 나온다. 우리나라 사람들의 소비력을 보았을 때 충동적으로 구입해도 재정적으로 크게 상관이 없는 가격대, 쉽게 플렉스 할 수 있는 구간이다. 마

3장. 당신은 하나의 기업이 된다

법처럼 구매를 이끌어내는 구간에 들어가는 가격대 제품을 집중적으로 리서치를 할 때 제품의 스펙 중에 딱 한 가지만 부각을 시켜야 한다. 그리고 그 제품이 압도적으로 가격이 저렴하다면 가격만 크게 부각해야 한다. 요즘 최신 제품이라면 기본적인 기능은 모두 동일하기 때문에 실사용을 통해서 증명만 하면 된다. 만일 그 제품이 동일 가격대비 크기가 작다면 작은 크기만 강조해서 섬네일을 만들거나, 영상의 주제를 그렇게 잡으면 된다. 크기도 작고 성능도 좋고 만능이라는 식으로 이야기를 하게 되면 오히려 소비자들은 매력을 잃게 된다. 여러 가지의 스펙을 나열하면 구독자들이 이탈하는 마법을 경험하게 될 것이다. 그 제품의 특징이 무엇이며 어떤 매력이 있어서 꼭 소개하고 싶었던 것인지 분명히 해야 한다.

알리어필리에이트로 1000만 원의 수익을 올리기 위해서는 목표치를 최대한 높이 잡고 활동하는 것이 좋다. 그러기 위해서는 영상의 개수가 중요한데 이슈성 제품을 단순히 하나씩 내보내기보다는 보편적인 제품을 소개하면서 이슈성 제품을 좀 더 늘려가는 방향으로 나아갈 때 수익이 극대화할 수 있는 기회도 계속해서 열리게 된다.

알리어필리에이트로 놀라운 수익을 만드는 유형 세 가지

알리어필리에이트로 큰 수익을 내는 방법은 다양하다. 현재까지 한국에서는 3~4년 동안 몇 가지 유형이 개발되었다. 이 중에서 자신이 할 수 있는 유형을 선택하면 차후 수익을 내는 방향성을 빠르게 잡을 수 있다.

1. 공동구매 집중형

알리어필리에이트는 공동구매 이벤트를 통해서 빠른 회전율을 보여준다. 평소보다 저렴한 가격에 진행되기 때문에 구매자들의 선호도가 높다. 이 방식에도 강점과 약점이 존재한다. 공동구매 집중형으로 운영하게 될 때의 강점은 큰 매출을 단기간에 낼 수 있다는 점이다. 그러나 매달 이벤트를 할 경우 공동구매의 매력이 소진될 수 있다. 중요한 것은 공동구매의 수량을 결정하는 것이다. 공동구매 수량을 너무 적게 할 경우에는 이벤트에 참여하고자 하는 유저들의 의욕을 꺾을 수 있기 때문에 중간 값이 필요하다. 또 다른 강점은 채널에 대한 기대감이다. 공동구매를 진행한다는 기대감에 유저들은 구독한 상태에서 채널을 지켜보게 된다. 영상이 업로드될 때를 바로 알고자 알림을 켜놓은 상태에서 기다리게 된다.

공동구매는 빠른 시간 안에 끝나는 이벤트이므로, 채널에서 공동구매를 진행한 후 빠르게 다른 영상들을 업로드하는 것이 좋다. 공동구매가 끝난 뒤 채널의 성격에 적합한 다른 영상으로 되돌아오더라도 큰 부작용 없이 일정 정도 채널에 대한 관심이 유지될 수 있다.

단점도 있다. 공동구매는 알리익스프레스 측에서 진행하는 것으로 품목에 제한이 있을 수 있다. 그중에서 내 채널에 맞는 제품을 엄선해야만 좋은 결과를 얻을 수 있다. 모든 사람이 매력적으로 느낄 수 있는 제품이란 존재할 수 없으므로 각자의 채널에 맞는 제품이 소개될 때 좋은 결과를 얻을 수 있다. 안정적인 수익을 원하는 경우 공동 구매만으로 충당하기 어려울 수 있다. 한시적 이벤트에 한정된 수량으로 진행이 되기에 매달 진행 여부와 규모에 따라 수익도 등락폭이 있게 된다. 그러나 가격과 수량이라는 매력적 요소가 있기 때문에 공동구매 이벤트는 앞으로도 많은 소비자에게 사랑받는 콘텐츠가 될 것이다.

2. 카테고리 집중형

알리익스프레스에서 판매되는 천만 개의 제품에는 각각의 카테고리가 존재한다. 하나의 카테고리를 정해서 영상에서는 '000에 사용하면 삶의 질을 100% 올리는 BEST 5' 등으로 소개하면 좋다. 사용 후기에 있는 영상을 활용해서 제작하거나 직접 사용하면서 촬영하는 방법으로 아이템의 공통분모에 맞게 판매를 진행한다. 카테고리 집중형의 경우 끊임없이 신기한 아이템을 발굴하고 공통 분모로 엮는 작업이 필요하다. 더 예를 들면 '자동차용품' '사무용 품' '스마트폰 주변기기' 등이다. 사용하는데 불편을 해소하는 제품 군이거나 특정 공간에서 사용하는 제품군 등이 있다.

카테고리 집중형의 강점은 끊임없는 콘텐츠 생산이 가능하다 는 것이다. 그래서 매주 여러 개의 영상을 제작해서 업로드할 수 있다. 안정된 수익을 얻기 위해서는 카테고리 집중형으로 공략해 도 좋다. 참고해서 제작할 영상 또한 알리익스프레스를 통해서 쉽 게 얻을 수 있는 편이다. 짧은 영상 제작 시간도 장점이다. 하나의 제품만 리뷰를 할 경우에는 분량 안에 한 개의 제품에 대한 정보를 집중해서 넣어야 한다. 그러기 위해서는 전문지식 또한 필요하다. 하지만 카테고리로 묶는 작업을 할 경우 제품 하나당 주어진 시간 은 1분 정도면 설명이 가능하다. 영상 제작 시간은 짧은 반면 시청 시간은 길 수 있기 때문에 유튜브에서는 유용한 영상으로 판단하 고 더 많은 사람들에게 영상을 퍼트려줄 수 있다.

3. 홈런 올인형

하나에 올인하는 경우, 영상은 그 제품을 주인공으로 만들면서 시작하게 된다. 제품의 장단점과 이 제품이 구매할 제품인지 아닌지에 대해서 고민하는 영상이다. 한 개의 제품을 리뷰하기 위해서 몇몇의 제품 중에 어느 것을 선택할 것인지 아니면 선택한 후에도 이 제품을 방송할지 말지 많은 고민을 할 수밖에 없다. 그만큼 신중해야 하기 때문이다. 그렇지만 재미있는 사실은 제품 리뷰를 할지 말지 고민했던 제품들이 의외로 좋은 반응을 얻는 경우가 많다는 것이다. 이런 방식은 여러 개의 제품을 소개하는 것이 아니므로 하나의 제품에 집중할 수 있다. 제품에 대한 다각적인 리뷰를 통해서 소비자들의 판단을 도울 수 있다. 영상에 제품이 하나만 노출된 상태에서 유튜브의 주목을 받게 될 경우 매우 높은 성과가 나올 수 있다. 또한 방송을 할 때 자신감을 가질 수 있다. 많은 고민을 하나에 집중했기 때문에 여러 제품을 소개하는 영상을 계속 빨리 만들어 업로드해야 한다는 압박감에서 좀 더 자유로워질 수 있다. 심지어 그 제품의 강점뿐만 아니라 약점과 그 약점을 보완하는 방법까지 다채로운 이야기로 콘텐츠를 풍성하게 만들 수 있다. 이렇게 한 제품에 올인하는 경우는 전문성이 드러나게 되므로 알리어필리에이트 프로그램뿐만 아니라 타 기업의 협찬 지원까지 받을 기회가 생기게 되는 수익 다각화에서 유리할 수 있다.

단점도 생각해 봐야 한다. 하나의 제품에 많은 정성을 들였는데 그 제품에 대한 선호도가 낮으면 당연히 힘들어진다. 조회수가 안 나오면 마음도 힘들 수밖에 없다. 그래서 하나의 영상에 하나의 제품만 업로드하는 경우엔 기회가 큰 만큼 리스크도 클 수밖에 없다. 관심을 못 받는 경우에는 바로 다음 영상에서 기회를 얻어야 하기 때문에 압박감이 생기고 슬럼프가 오기도 한다. 그런 경우에는 너무 좁은 카테고리만 볼 것이 아니라 좀 더 폭넓은 시각을 가질 필요가 있다. 또 다른 어려운 점은 물품 구입에 대한 부담감이다. 공동구매의 경우 적지 않은 물품이 협찬된 상태에서 진행되지만, 하나의 제품만 촬영하는 경우에는 제품을 직접 구입하거나 여러 가지 제품을 구입해서 비교해 보고 결정하기도 하므로 지출이 클 수 있다.

대부분이 구매보다는 클릭률 문제

처음 유튜브를 하는 분께는 영상 내용을 줄이는 것에 초점을 맞추라고 조언하고 있다. 이미 많은 클릭률을 만드는 분들께는 큰 문제가 되지 않는다. 클릭률이 높은 영상을 만든다는 것은 이미 마케팅에 대한 이해도가 높다는 뜻이기 때문이다. 초보의 눈높이로 콘텐츠를 만들면 영상의 클릭 수가 너무 없어서 클릭률이 3% 대가 되면 심각해질 수 있다. 100명의 시청자들이 내 영상의 섬네일을 보았지만, 3명만 클릭한다면 그 영상의 섬네일은 무조건 수정해야 한다는 의미다. 사람으로 따지면 섬네일이 첫인상이기 때문에 3초 안에 클릭 여부가 결정된다.

앞에서도 섬네일에 대한 많은 설명이 있었지만 클릭률이 너무 떨어진다면 영상을 잘 만들지 못했다는 의미다. 제품의 수익만 생각할 것이 아니라 섬네일 제작에 집중을 해야 한다. 섬네일을 잘 만들면 영상 역시 잘 만들 가능성이 높아지기 때문이다. 시청자들마다 취향은 다르지만 보편적으로 인기가 많은 디자인은 한정되어 있으므로 유튜브에 있는 클릭하고 싶은 영상을 꾸준히 보면서 안목을 높여야 한다.

빨리 수익화하는 방법

당장 수익화를 하고 싶거나 수익화될 때까지의 기간을 단축하려면 무엇보다 제품의 소싱이 중요하다. 알리어필리에이트에 관심을 갖고 다급하게 연락해 온 분들에게 나는 무엇보다 제품을 많이 살펴보고 가능하면 주문도 해보기를 조언하고 있다. 왜냐하면 수천 만 가지의 제품들 중에 많은 사람들이 좋아하는 제품을 찾기 위해 옥석을 가리는 일은 한 번에 잘하기가 힘들다. 그리고 한 제품이 수천 개, 수만 개가 팔리는 일도 충분히 가능하다. 단지 판매에 있어서 나의 링크를 통했는지 아닌지가 중요할 뿐이다. 이렇게 성공하기까지의 기간을 단축하기 위해서는 무엇보다 잘 팔리는 제품을 소싱하는 능력, 그리고 그것을 내가 직접 체험하면서 사람들에게 알리는 것이 중요하다.

비싼 제품으로 많은 커미션을 얻기보다는 저렴하면서 사람들이 고민하지 않고 구입할 수 있는 제품들을 꾸준히 진행하는 것이 좋다. 내가 좋은 성과를 만들어 왔던 이유 중에 하나가 심심할 때 쇼핑하듯 스마트폰 어플을 통해서 신상품들을 구경한다는 것이다. 이렇게 하면 틈틈이 제품을 찾고 그 제품에 대한 반응을 남들보다 빨리 캐치할 수 있기 때문에 한국에서 아직 유행하지 않은 핫템들을 들여오기에 유리하다. 다행인 점은 한국에 없는 제품들이 알리익스프레스에 많이 있다는 것이다. 다른 사람들이 이미 많이 팔고 있는 것에 내가 뛰어들면 레드오션이지만, 반대로 아무도 팔고 있지 않는 제품을 내가 홍보하면 그게 바로 블루오션이므로 노력대비 수익이 매우 클 수 있다.

무엇보다 중요한 것은 반복

무엇보다 중요한 것은 정보 자체가 아니라 반복이다. 이 책에서 설명하고 있는 유튜브 제작 노하우나 알리어필리에이트의 프로그램 역시 쉽게 배워서 쓸 수 있는 정도의 수준이지만 실행하지 않으면 수익화하는 것은 불가능하다. 다른 사람들이 하지 않는 블루오션이라고 하지만 이 시장에서 소비자들은 이미 수천억을 뛰어넘어 수조 원의 돈을 쓰고 있다. 내 링크를 통해서 사람들의 소비가 이루어지게만 하면 되고, 아직 사람들이 이 분야를 잘 모른다는 것에 초점이 있다. 내가 느리게 가는 것 같지만 반대로 다른 사람들은 전혀 모르기 때문에 저 멀리에서 뒤처져 있고 앞으로 나아가는 나는 초고속으로 나아가는 것 같은 생각이 들 수 있다. 미래에는 단순히 판매만 하는 마케팅은 매력이 없어질 것이다. 이렇게 자신이 사용해 보고 매력 있는 아이템을 다른 사람들과 공유할 수 있을 때 영향력은 더욱 커질 수밖에 없다.

지금까지 우리는 사용 후기를 포털에 거의 무료로 넘겨주고 있었다. 어떤 회사에서는 사용 후기 하나에 100원씩 제공하기도 하지만 우리의 사용후기는 겨우 그런 정도의 가치가 아니다. 우리가 소개해 준 긍정의 평가로 인해서 수백 개 수천 개가 더 팔릴 수 있음에도 불구하고 100원 밖에 받지 못했던 것이다. 나는 이런 문제에 대한 생각의 전환만으로 인플루언서로서 월 수익 1000만 원 이상을 버는 5개의 파이프라인을 확보할 수 있었다. 아직까지도 알리익스프레스를 모르는 분들이 많다. 앞으로 알리익스프레스의 가입자들은 엄청나게 늘어날 것이다. 그에 비해 알리어필리에이트로 활동하는 사람들의 숫자가 늘어나는 속도는 느릴 수밖에 없다. 그것은 우리가 수익을 확장할 기회와 시간이 엄청나게 많다는 의미다.

저자의 알리어필리에이트 수수료 수익 내역 공개

알리익스프레스의 어필리에이트 통계 프로그램은 본문에서 자세히 설명했지만, 누가 나의 링크를 타고 언제 어떤 상품을 구매했는지까지 세세하게 파악할 수 있게 한다. 이런 정확하고 디테일한 자료로 피드백을 받을 수 있으므로 더 높은 수준의 리서치가 가능하다.

판매가 이뤄지면 실시간으로 반영이 되며, 그에 대한 통계 자료를 제공하기 때문에 피드백을 통해서 장단점을 고려하여 콘텐츠를 제작할 때 반영하면 좋다.

아래 나의 알리어필리에이트 수수료 수익 내역 일부를 공개한다. 나는 현재 일주일에 단 하루, 4시간 정도 유튜브 콘텐츠에 알리익스프레스 제품 링크를 달아서 소개하는 작업으로 알리익스프레스에서만 월 1만 달러 정도의 고정 수익을 만들고 있으며, 제품 광고를 조건으로 진행하는 경우에는 블로그로 진행하여 별도로 수익을 내고 있다. 유튜브를 하면서 함께 링크를 달기만 하면 수익을 얻을 수 있는 쿠팡과 애드센스로도 추가 수익이 있다.

Income Report

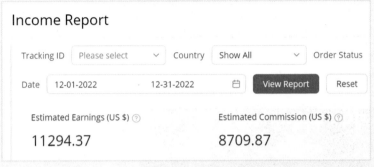

Tracking ID	Please select ∨	Country	Show All ∨	Order Status

Date 12-01-2022 - 12-31-2022   📅   **View Report**   Reset

Estimated Earnings (US $) ⑦
11294.37

Estimated Commission (US $) ⑦
8709.87

Estimated Earnings (US $)	Estimated Commission (US $)	Estimated New Buyer Bonus (US $)	
11294.37	8709.87	2584.5	

Date	Estimated Earnings (US $)	Estimated Commission (US $)	Estimated New Buyer Bonus (US $)	Status
2022-12-01	391.04	304.04	87.0	Expand Table
2022-12-02	326.27	227.27	99.0	Expand Table
2022-12-03	545.69	386.69	159.0	Expand Table
2022-12-04	639.0	445.5	193.5	Expand Table
2022-12-05	791.36	585.86	205.5	Expand Table
2022-12-06	685.18	490.18	195.0	Expand Table
2022-12-07	524.55	364.05	160.5	Expand Table
2022-12-08	599.33	447.83	151.5	Expand Table
2022-12-09	526.22	401.72	124.5	Expand Table

저자의 집 _링크공유 사업 전

저자의 집 _링크공유 사업 후

저자 Q & A

Q

**저자는 알리어필리에이트가 되고 나서
무엇이 달라졌나?**

A

달라진 삶 1

자유로운 시간에 사업을 진행할 수 있으며
인플루언서로서 협찬 및 공동구매를 수시로 진행할 수 있다.

달라진 삶 2

원하는 일만 할 수 있고 원하는 장소에서 살 수 있다.
협력자를 쉽게 찾을 수 있어 작업시 어려움이 거의 없다.

달라진 삶 3

나만의 브랜드 구축으로 자신감을 가질 수 있으며
활기차게 생활할 수 있다.
쉬고 싶을 때 쉴 수 있기 때문에
여행하면서 자기 계발을 할 수 있다.

유튜브 시작을 두려워하지 말자

- 유튜브에는 구독자가 없는 채널의 영상을 띄워주는 초심자의 운이 있다.
- 시청자들이 원하는 것은 예쁜 영상이 아닌 정보다.
- 섬네일 제작 기준은 전체 동영상이 보고싶게 만드는 것이다.
- 인트로는 짧게, 본론은 빠르게 전달하는 것이 좋다.
- 필수품을 소개하는 영상은 꾸준한 수요가 일어난다.
- 진심으로 유용한 정보를 올리면 어느새 구독자들은 늘어나있다.
- 다른 유튜버나 블로거와의 협력으로 더 많은 구독자를 확보할 수 있다.

알리어필리에이트로 놀라운 수익을 만드는 유형 세 가지

- 공동구매 집중형 _큰 매출을 단기간에 낼 수 있다.
- 카테고리 집중형 _안정된 수익을 얻을 수 있다.
- 홈런 올인형 _한 제품에 올인하면 전문성이 드러나 협찬 지원을 받을 기회가 생긴다.

놀라운 수익화가 가능하다

- 한 제품이 수만 개가 팔리는 일도 가능하다.
- 단지 판매에 있어 나의 링크를 통했는지 아닌지가 중요할 뿐이다.
- 한국에 없는 제품들이 알리익스프레스에 많이 있다.

중요한 것은 반복

- 유튜브 제작이나 알리어필리에이트의 프로그램은 쉽지만 실행해야 만 수익화할 수 있다.
- 알리익스프레스 가입자의 증가 속도에 비해 알리어필리에이트의 증가 속도는 느릴 수밖에 없다. 그것은 수익을 확장할 기회와 시간 이 엄청나게 많다는 의미다.

알리어필리에이트
하루 만에 마스터하기

—

부록

앞의 과정에서 이론 + 실전 부분을 조합하여 학습했다면, 이제 그 학습한 과정을 하루 만에 실행함으로써 실제 프로 알리어필리에이트로 거듭나는 시간이다. 알리익스프레스에서 링크를 만들고 수익을 만들 준비를 하는 것은 1분도 걸리지 않는 작업이다. 이렇게 쉬운 것으로 사람들이 수익을 내지 못한다는 것은 무엇인가 빠진 부분이 있다는 뜻이다. 상품을 팔기 위해서 그냥 온라인에 올려놓으면 팔리지 않는다. 가장 큰 이유는 제품이 매력이 없어서가 아니다. 그 제품이 여기에 있다는 것을 사람들에게 알리지 못해서다. 그렇기 때문에 단순히 링크를 만들었다고 해서 끝나는 것이 아니라 그 링크의 효율을 극대화할 방법을 찾아야 한다. 아래의 방법대로만 꾸준히 하면 만족할 만한 수익을 낼 수 있다.

프로세스

1. 판매 콘셉트를 결정하기

2. 타깃을 설정하기

3. 제품을 선택하기

4. 링크를 생성하기

5. 유튜브 영상을 기획하기

7. 제목을 정하고, 섬네일을 입력하기

1. 판매 콘셉트를 결정하기

가장 먼저 자신의 강점을 설정해서 판매 콘셉트를 정해야 한다. 유튜브에 결이 같은 영상을 업로드할 때 구독자는 편안한 감정을 느끼고 익숙하게 영상을 클릭할 수 있기 때문이다. 만일 판매 콘셉트를 아직 정하지 않았다면, 지금 바로 결정하자. 미루어서는 안 된다. 크리에이터의 얼굴이 나오고 인지도가 올라가는 것이 더 좋다. 자신이 브랜드가 되는 것은 여러 가지 이점이 있기 때문이다. 그러나 이로운 점보다는 단점이 많다고 생각한다면 손과 이미지를 사용해도 된다. 되도록이면 자신의 브랜드에서 벗어나지 않는 콘셉트를 잡고 아래와 같은 중요 사항을 결정하는 것이 좋다.

리뷰를 할 것인가?

할인 정보를 제공할 것인가?

묶음 정보를 제공할 것인가?

리뷰는 가장 오래된 영상 콘텐츠 제작 기법 중 하나다. 그러므로 제품 리뷰를 작성할 때, 사용 후 솔직한 후기를 남기는 것이 좋다. 내가 좋아하는 제품에 대해서만 다루기 때문에 신중하게 제품을 선택해서 리뷰를 작성한다. 이런 이유 때문에 좋은 리뷰는 높은 선호도를 받는다. 그러나 리뷰가 반드시 전문적일 필요는 없다. 아래의 리뷰 방법과 관련된 대본을 참고하여 어떻게 작성하는지 감을 잡을 수 있을 것이다.

할인 정보만 제공하는 경우, 주의가 필요하다. 가장 쉬운 방법이기 때문에 성공하면 큰 성과를 얻을 수 있지만, 광고를 하는 사람들이 대부분 이 방법을 주로 선택한다는 단점이 있다. 할인 정보 관련 콘텐츠를 만들 때는 화려한 색과 자극적인 문구를 사용하는 경우가 많다. 따라서 할인 이벤트 정보를 공유할 때는 광고라는 점을 인지하고 정보의 가치를 극대화하는 방법을 선택하는 것이 좋다.

단순히 '여름 세일'이라는 멘트를 작성하는 것보다는 카테고리를 묶어서 정보를 만드는 것이 더 좋다. 이 방법은 아래의 묶음 정보 제공과 연결된다. 여름 세일을 강조하는 것은 보통 백화점이나 쿠팡과 같은 판매 범위가 크고 마케팅 예산이 많은 곳에서 대량으로 살포할 때 쓰는 방법이다. 유튜브나 기타 SNS에서는 태그와 같은 관심사 기반으로 홍보를 진행할 때 효과가 크게 나타난다.

위의 할인정보를 보게 되면 여름 세일과 보안·보호 장비를 강조하는 동시에 오른쪽에 두 제품이 노출되어 있는 것을 볼 수 있다. 사람들은 상품이 눈에 보일 때 말 그대로 견물생심이 되므로 제품 이미지가 매력적으로 노출되는 것이 중요하다. 따라서 여름에는 선풍기나 물놀이용품 등을 같은 카테고리로 묶은 후 세일 정보를 넣으면 판매량이 급등하게 된다. 이에 더해 최근 트렌드에 대한 정보까지 믹스하면 단순히 여름 세일을 홍보하는 것보다 훨씬 더 큰 효과를 얻을 수 있다.

부록〉알리어필리에이트 하루 만에 마스터하기

2. 타깃을 설정하기

처음에는 자신과 비슷한 연령층을 타기팅targeting 하는 것이 좋다. 왜냐하면, 자신과 나이대나 상황이 전혀 다른 새로운 타깃을 대상으로 제품을 준비하는 것은 더 어렵기 때문이다. 그래서 자신과 비슷한 나이대나 비슷한 취미를 가진 그룹에서 사용하는 가성비 제품이 가장 쉽고 빠르게 수익을 올릴 수 있는 콘텐츠에 해당한다. 더욱이 제작자 자신과 전혀 다른 타기팅으로 홍보를 시작하게 되면 문화의 갭이 생기기 때문에 더 많은 연구가 필요해진다. 예를 들어 제작자는 30대인데 중학생 연령대가 소비하는 제품을 선택하려고 하면 그 나이대의 학생들이 사용하는 비속어, 좋아하는 연예인 등의 기호를 모르는 경우가 더 많기 때문이다. 그렇게 되면 당연히 효율이 매우 떨어지게 될 것이다. 아무리 홍보를 해봐도 중학생들은 '저 아저씨 뭐야?'라는 생각을 할 수도 있다. 이런 문제를 방지하기 위해서는 자신이 속한 그룹의 제품군을 선택하는 것이 좋고 충분히 공부할 시간이 있다면 좀 더 소비력이 높은 층을 타깃으로 선택하는 것도 방법이다. 새로운 시도를 하지 말라는 것이 아니라, 일단은 수익화 목표를 도달한 후에 다른 타기팅도 생각해 보라는 의미다.

3. 제품을 선택하기

타깃층을 선택했다면, 그에 맞는 제품을 찾아야 한다. 요즘 높은 수익을 올리는 제품들을 살펴보면 내구성이 좋은 제품들보다는 소비재 제품이 더 적합하다. 사용하고 없어지는 것들일수록 재구매가 높기 때문에 이미 사용하고 있는 다른 제품이 있더라도 판매하는 데 문제가 없다.

가격대도 중요하다. 소비자들은 부담 없이 선택할 수 있는 가격대가 주어지면 고민 없이 결제하는 경우가 많다. 3만 원에서 5만 원 정도의 제품이 판매하기에 수월하다. 물론 알리익스프레스에는 다이소처럼 천 원 대 제품들도 존재하지만, 판매하기에 좋은 가장 매력적인 가격대는 3만 원에서 5만 원이다. 좀 더 고가의 제품은 10만 원대 초반까지도 적당하다. 이제 판매 콘셉트, 타깃, 그리고 가격이 설정되었으므로 제품을 찾기만 하면 된다.

팔고자 하는 상품의 검색 방법은 스마트폰 앱을 사용하지만, 통

부록〉알리어필리에이트 하루 만에 마스터하기

계를 이용하는 방법은 PC에서만 가능하다. 알리익스프레스 앱을 켜면 할인 이벤트 관련 팝업이 뜨며, 1천 원짜리 제품이 보인다. 최근 알리익스프레스에서는 '초이스'와 '꽁돈대첩' 상품을 가장 많이 밀고 있다. 한국과 비교했을 때 배송 기간이 5일 이내인 상품 중에서도 훨씬 저렴한 것들이 많으므로 굳이 비싼 상품을 구입할 필요가 없다. 사람들이 가지고 있으면서도 또 사고 싶어 하고 지금보다 더 좋은 제품을 선택하고 싶어 하는 심리를 고려해 충전기 같은 품목을 고르는 것도 좋다. 아래와 같은 기준을 활용하면 더 빠르게 선택할 수 있다.

내가 갖고 싶은가?

가격은 결제하기에 부담이 없는가?

지금 갖고 있더라도 바꿀 만한가?

이미 구매한 소비자들의 반응은 어떤가?

가장 중요한 것은 '내가 원하는 제품인가'이다. 내가 갖고 싶지 않으면 남에게도 팔 수 없다. 단순히 수익만 생각하면서 제품을 팔려고 해서는 안 된다. 내가 사용해보고 싶고 사용해 본 후에 만족하면 할수록 그 제품은 자연스럽게 팔리게 된다. 나의 경우도 내가 갖고 싶은 제품을 골라서 리뷰를 진행할수록 판매율과 수익이 상 승하는 것을 경험할 수 있었다.

만약 누군가가 그 제품으로 많은 수익을 얻었다고 해도, 섣불리 진행하기보다는 그 제품이 내게 맞는지, 그리고 내가 타깃으로 하 는 대상에 적합한지 여러 번 생각한 후에 진행하는 것이 좋다. 이 런 콘텐츠가 쌓일수록 높은 수익이 나오게 된다.

'이미 갖고 있더라도 바꿀 만한가?'는 매우 중요한 문제다. 요즘 은 대부분의 사람들이 이미 모든 것을 소유하고 있기 때문이다. 물 자가 넘쳐나고 있다. 이런 상황에서 어지간한 매력이 없다면 팔리 지 않는다. 그러나 어떤 제품을 이미 갖고 있다고 해서 새로 구입 하지 않는 것은 아니다. 사실 사용 중 불편한 점을 개선한 다른 제

　　　　　　　부록〉알리어필리에이트 하루 만에 마스터하기

품이 있다면 기꺼이 지불할 소비자들도 많다. 내가 선택한 충전기는 크기가 작고 충전 속도가 빠르며, 무엇보다도 여러 포트가 있어 동시에 충전이 가능한 것이다. 현재 가정에서 사용하는 충전기의 가장 보편적인 형태는 코드가 하나 또는 두 개인 것이다. 새로운 제품은 심지어 속도도 몇 배 빠르면서 여러 개를 꽂아서 동시에 충전이 가능하다. 제품에 대한 평가는 이미 매우 좋다. 사용 후기를 몇 개 검토해 보면 별점이 모두 높은 것을 확인할 수 있다. 이러한 평가는 이미 다른 사람들이 구매하기 전에 검토를 마쳤기 때문에 가능한 것이다. 이를 기반으로 판단하면 시간을 절약할 수 있다. 판매자나 소비자 모두에게 사용 후기는 중요하다. 이와 같이 내가 갖고 싶고 부담스럽지 않은 가격이며, 이미 갖고 있더라도 재구매가 가능한 제품을 선택하는 것이 좋다. 그렇다면 이와 같은 조건을 가진 또 다른 제품은 무엇일까? 대부분의 새로운 소비재는 이와 같은 조건을 만족시키며 출시된다. 소개하기 적당한 제품을 찾지 못한 경우에는 알리익스프레스에서 가장 많이 팔리는 BEST 제품을 찾아보면 된다. 그러면 대부분의 조건을 갖춘 제품을 찾을 수 있다.

그럼 테스트를 해보겠다.

다음 중 제품 선택에서 가장 마음에 드는 것은?

위는 알리익스프레스의 모든 카테고리다. 대제목으로 나눈 것을 보면, 사람들이 가장 많이 클릭한 것을 배치하고 있다. 재미있는 사실로는 '여성 패션'이 최상위에 있다는 것이다. 이는 앞으로

해외직구로 옷을 구매할 가능성이 높다는 것을 의미한다. 실제로 알리익스프레스를 통해 의류를 구매하는 경우가 적지 않으며, 앞으로 알리익스프레스에서는 여성 의류 분야를 더욱 강화할 계획이다. 남성 패션 부분을 보게 되면 의외로 역시 상단에 있는 것을 알 수 있다. 동대문 의류 매장이나 백화점을 가게 되면 보통 매출이 잘 나오는 것은 1층에 자리를 마련한다. 동대문에 있는 쇼핑몰의 1층엔 어김없이 여성 의류 코너가 있고, 한 층 더 올라가면 남성 의류가 있다. 백화점에서는 여성 화장품과 주얼리가 1층에 위치해 있다. 내가 주로 공략했던 품목들은 백화점 3, 4, 5층에 위치한다. 물론 아래층에 있다고 해서 매출이 더 잘 나오는 것은 아니다. 그러나 아래로 내려가면 갈수록 오프라인 매장이 강세인 것들로 구성되어 있다. 알리익스프레스를 처음 공략한다면, 카테고리 상단에 위치한 것들부터 관심을 갖고 그중에서 내가 공략할 대상을 선택하는 것이 유리한 고지를 점령하는 첫걸음이 될 것이다.

제품 선택 단계에서는 보통 초반에 몇 가지 제품을 비교한다. 특히 유튜브에서는 처음 개설한 채널의 영상에 초보자의 운이 작용되어 노출되는 경우가 많다. 그러나 문제는 그다음이다. 처음에 조회수가 높게 나온 영상을 보고 성공을 예상할 수 있지만, 이는 초보자의 운에 의한 것일 뿐이다. 유튜브가 처음에는 구독자를 기반으로 테스트하여 검증을 거친 후 알고리즘이 외부로 소개하는 방식이므로 조회수가 적게 시작해서 급등 후 감소하는 패턴을 갖는다. 예를 들어 처음 선택한 제품이 몇 만 건의 조회수를 기록하더라도, 영구적으로 이 조회수가 유지되는 것을 의미하지 않는다. 보통 일 조회수는 예를 들어 500 → 30,000 → 2,000 → 500처럼 증가한 다음 다시 감소한다. 이전에 터진 영상의 조회수 수준 이하로 되돌아간다. 따라서 일 조회수를 유지하려면 동일한 카테고리의 제품을 선택하고 일관된 방식으로 소개하거나 리뷰 해야 한다. 이를 통해 초보자의 운이 아닌 지속적으로 구독자 수를 늘리기 위한 일관된 조건을 만들 수 있다.

4. 링크를 생성하고, 유튜브 영상을 기획하기

이제 앞에서 배운 대로 링크를 생성해 보자. 링크를 생성할 때는 PC 버전이 가장 쉽게 되어 있으므로, 빠른 작업을 원한다면 PC에서 작업하는 것이 좋다. 링크가 완성되면 유튜브를 기획할 차례다. 유튜브는 무엇보다 콘텐츠 기획이 중요하다. 처음 유튜브를 시작할 때 콘텐츠 기획 없이 진행하려고 하면 아예 엄두조차 나지 않는 경우가 많다.

유튜브 콘텐츠 기획 순서는 아래와 같다.

① **제목**

② **대본**

③ **촬영**

④ **편집**

⑤ **업로드**

⑥ **섬네일, 제목**

5. 제목을 정하고, 섬네일을 입력하기

제목은 유튜브 영상의 정체성을 보여준다. 섬네일이 중요한지 제목이 중요한지는 크리에이터마다 기준이 다르다. 섬네일에서 궁금증을 자아내는 콘셉트라면 제목은 정말 중요하다. 제목 한 줄로 조회수를 100만 이상씩 만들어내는 유튜버들은 대부분 호기심이나 기대감을 불러일으키는 방법을 알고 있으며, 또한 구독자들이 계속해서 클릭해 주기 때문에 클릭률이 상상을 초월하게 나오게 된다. 제목을 짓기 위해서는 어떤 것을 고려해야 할까? 가장 먼저, 부정적인 단어보다는 긍정적인 단어를 사용해야 한다. 하지만 부정적인 내용이 클릭률이 더 높기 때문에 많은 고민을 하게 될 때도 있다. 부정적인 단어가 선택된 경우, 부정적인 에너지 흐름으로 구매보다는 기업이나 제품을 비난하는 댓글과 함께 유튜브 채널에 악영향을 줄 수 있기 때문에 추천하지는 않는다. 어떤 유튜브 채널에서는 특정 제품에 대한 단점을 위주로 진행하여 영상의 재미를 추구하기도 하지만 결국 그런 부정적인 흐름은 부정적인 댓글을 불러오게 되고, 그런 분위기와 영향은 유튜브 채널에 악영향을 줄 수 있으므로 주의가 필요하다.

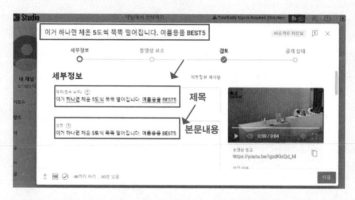

이제는 제목을 지으며 영상을 업로드해 보자. 유튜브에 로그인한 후, 우측 상단의 '영상 업로드' 버튼을 클릭하면 아래와 같은 화면이 나타난다. 거기에는 필수적으로 입력해야 하는 제목이 있으니, 적절한 제목을 입력하자. 〈소비자가 얻을 수 있는 이득〉 + 〈제품〉 + 〈분류〉 = 〈영상을 보는 이에게 재미와 시간절약의 이득〉 등이 들어간 제목이 좋은 제목이라는 걸 알아야 한다.

예를 들어 여름용품 중 이것 하나만 구입하면 체온이 5도씩 떨어진다는 설명을 들으면 시청자는 궁금해진다. 어떤 물건들이 그렇게 체온을 낮출 수 있는지 보게 된다. 만약 실제로 효과가 있다면, 다른 사람들과 공유하고 싶은 생각도 들 것이다. 여름용품 BEST가 포함된 이유는, 사람들이 한 번에 모아서 볼 수 있는 것을 더 선호하기 때문이다. 요즘은 제품이 너무 많아서 수백 개, 수천 개를 검색해야 한다. 그러나 5개의 제품으로 축약할 수 있다면, 이 영상을 보는 것만으로도 몇 시간을 절약해서 제품을 구입할 수 있을 것 같은 생각이 들게 된다.

공유되는 영상들은 기본적으로 보는 사람들에게 시간 절약과 재미를 제공한다. 이 두 가지가 최근 트렌드가 되었다. 모든 사람들이 바쁘기 때문에 무엇을 해도 많은 노력이 필요하다. 따라서 성능 또는 시간 절약 부분에 중점을 둬서 이득을 얻을 수 있도록 분명한 제목을 사용하는 것이 좋다.

유튜브 영상 편집에는 알파벳 두 가지를 기억하자. 위의 화면에서 영상을 먼저 불러오기 한다. 어도비 프리미어 프로 2023 기준으로 설명해 보겠다. 프리미어를 활용하게 되면 좋은 점은 영상편집을 할 때 가장 높은 호환성을 갖고 있다는 것이다. 나의 경우는 현재 모바일에서는 VLLO를 사용하고 있으며 PC로는 프리미어 프로, 애플에서는 파이널 컷 프로를 쓰지만 가장 손에 익은 프리미어 프로를 정품으로 매달 구독료내고 사용 중이다.

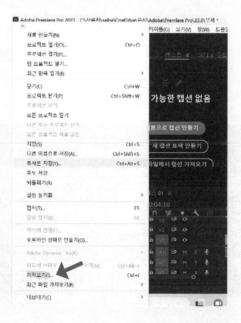

좌측 상단에서 가져오기를 누른 후 영상이 저장되어 있는 곳에서 불러온 후 영상 편집을 하면 된다.

여기서는 가장 간단한 편집만 이용하며 그 이상의 기능은 사용하지 않는다. 영상의 품질보다 중요한 것은 정보이며 정보의 내용이 좋으면 사람들은 생각보다 화질, 편집, 자막에 크게 신경 쓰지는 않는다.

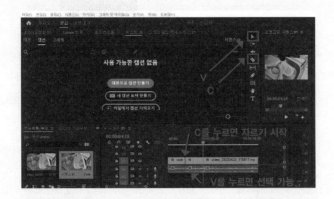

C, V 기능 알기

먼저 C는 자르기cut이다. C를 통해서 영상에서 불필요한 부분을 잘라주자. 그렇게 영상에서 필요 없는 부분을 최대한 빨리 잘라 내는 게 중요하다. 그리고 V를 누르면 마우스 커서로 들어가게 된다. 마우스 커서를 선택해서 최종적으로 DEL를 눌러준다. 물론 프리미어 프로에 애프터 이펙트까지 입혀서 영상을 제작할 수도 있지만. 그렇게 정성 들여서 영상을 제작하게 되면 배우는데 시간이 많이 걸려서 지치게 된다. 만일 프로그램의 고급 기능을 사용하고 싶다면 먼저 수익을 낸 후 프로그래밍 기술을 늘여나가는 게 좋다. 유튜브를 시작한다고 한 후 프리미어 학원까지 다닌 다음에 영상을 하나도 업로드 못하고 포기하는 사람들이 대부분이다. 몇 개월 공부하면 프리미어 프로의 기능을 모두 익힐 수 있을까? 불가능하다. 기능을 익힌다는 것은 그 기능을 활용해서 작품성 있는 것을 완성해야만 가능하다. 기능에만 몇 개월씩 매달리는 것은 효율적이지 않다. 나도 C와 V만 배워서 영상을 만들고 있고 그 이상의 기능은 현재 사용하지 않고 있다.

자막 넣기는 어떻게 할까?

부록〉알리어필리에이트 하루 만에 마스터하기

우측 하단에 보면 자막 디자인을 고를 수 있는 탭이 있다. 그곳
에서 영화 웹 캡션을 주로 사용하면 된다.

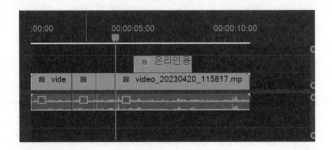

자막이 있는 화면을 왼쪽 버튼을 누른 상태에서 끌어와서 타임
라인에 놓는다. 위의 화면처럼 분홍색 타임라인이 만들어진 것을
볼 수 있다.

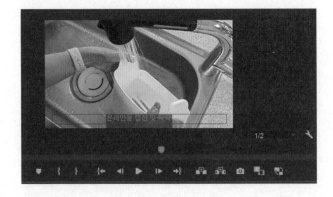

　타임라인을 선택한 상황에서 위의 '온라인용 캡션 및 자막'이라
고 쓰여 있는 부분의 내용을 수정하게 되면 원하는 자막을 입력할
수 있다.

　'원하는 내용을 작성해 주면 끝'이라고 쓴 곳에서 자막이 출력
되어 유튜브에 위에서 보이는 것처럼 출력이 된다.

　부록〉알리어필리에이트 하루 만에 마스터하기

ALT를 누른 상황에서 마우스 휠을 돌리면 프리미어 타임라인이

커졌다 작아졌다 하게 할 수 있다.

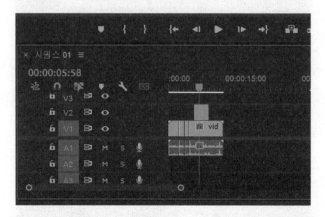

ALT를 누른 상태에서 마우스 휠을 아래로 돌리면 타임라인이

작아져서 뭉텅뭉텅 잘라낼 수 있기에 보기 좋아진다. ALT를 누른

상태에서 마우스 휠을 위로 돌리면 타임라인이 커져서 세세한 편

집을 하기 좋다.

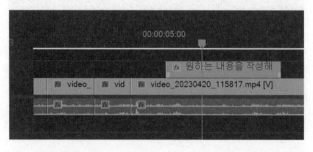

여기까지 하게 되면 영상 편집에서 사용하는 꼭 필요한 기술을

다 사용한 것이다. C로 자르고 V로 선택하고 DEL로 지우고, 자막은 우측 하단에서 끌고 와서 타임라인에 내려놓고 영상화면 입력창에 자막을 입력하고 끝. ALT를 누른 상태에서 휠을 돌려서 타임라인을 크거나 작게 조정한 후 마지막으로 편집을 마친 영상을 송출하게 된다.

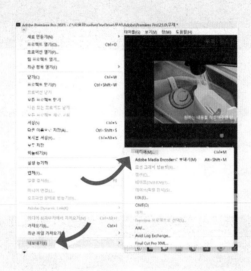

좌측 상단의 '파일'을 눌러준 후 내보내기를 눌러 준다. 그리고 미디어를 눌러주면 현재 편집한 영상을 하나의 파일로 인코딩해 주게 된다. 영상 인코팅은 과거에는 매우 고가의 PC에서만 작업이 가능했지만 코어 i 시리즈가 나온 이후로는 이 정도 컷 편집은 대부분의 PC에서 가능해졌다. 만일 작업을 위해 컴퓨터를 구입한다

면 셀러론이나 펜티엄보다는 인텔코어 i5급 제품을 추천한다.

영상 인코딩 화면에서 가장 우측 하단에 있는 내보내기를 눌러
주면 이제 영상이 인코딩 되기 시작한다. 인코딩 속도는 PC의 성
능에 따라 다르지만 최근 PC의 성능이 좋아져서 그렇게 오랜 시간
이 걸리지는 않는다.

만일 여러 개의 영상 카메라 그리고 효과와 자막들이 들어가게 되면 같은 길이의 영상이라도 인코딩 시간이 오래 걸린다. 영상 편집보다 기획과 섬네일에 집중하는게 좋다. 내가 사용하는 기술적인 부분은 앞에 설명드린 것이 전부다. 이전에는 더 많은 편집 효과를 위해서 공부하고 많은 에너지를 투입했지만 작업을 오래 해오면서 깨달은 사실은 사람들이 원하는 영상은 방송국 수준의 퀄리티가 아니라는 것이다. 오히려 방송국이 못하는 영상을 내보낼 때 우리 영상의 가치가 커지게 되는데, 그런 영상을 위해서는 기획과 섬네일에 주력을 하는 것이 훨씬 낫다.

*알리익스프레스 관련 기사

　책을 준비하는 동안에도 알리익스프레스 관련 소식은 계속 나
오고 있다. 지난 2023년의 사용자수나 앞으로의 계획 등에 대해
관련 기사 내용 일부를 발췌해 보았다.

다이소보다 싼 '테·쉬·알'…쿠팡도 긴장

2024. 1. 17. 매경이코노미

다이소보다 싼 '테·쉬·알'…쿠팡도 긴장

나건웅 매경이코노미 기자(wasabi@mk.co.kr) · 입력 2024. 1. 17. 21:03

⏱ 33

Ⓐ 🔗 🖨

| 중국발 초저가 공세…C-커머스 공습경보

수제 가죽 지갑 8000원, 다이얼 쿼츠 시계 5000원, 인조 진주 귀걸이 400원.

두 눈을 의심하게 만드는 가격대지만 분명 '실화'다. 중국 이커머스 직구 플랫폼 '테무(Tem
u)'에서 판매 중인 제품 목록이다. '다이소보다 더 싸다'는 입소문을 등에 업고 1020대는 물론
60대 이상에서도 테무를 애용한다는 증언이 줄을 잇는다.

특급 가성비로 무장한 중국 이커머스, 이른바 'C-커머스' 열풍이 최근 한국을 강타한 모습이
다. 고물가 장기화에 값싼 제품에 눈 돌리는 소비자가 늘면서 이용자 수가 폭증했다. 테무, 쉬
인(SHEIN), 알리익스프레스(Ali Express) 등 주요 플랫폼 앞 글자를 따 '테·쉬·알'이라고 불리
기도 한다. C-커머스 공습에 국내 업계는 초긴장 상태다.

테·쉬·알에 이용자 빼앗기는 한국 이커머스 〈단위:만명〉

특급 가성비로 무장한 중국 이커머스, 이른바 'C-커머스' 열풍이 최
근 한국을 강타한 모습이다. 고물가 장기화에 값싼 제품에 눈 돌리
는 소비자가 늘면서 이용자 수가 폭증했다. 테무, 쉬인SHEIN, 알리익스

프레스^{Ali Express} 등 주요 플랫폼 앞 글자를 따 '테·쉬·알'이라고 불리기도 한다. C-커머스 공습에 국내 업계는 초긴장 상태다.

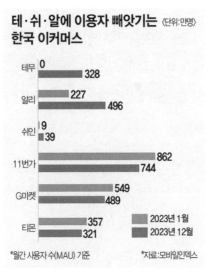

테·쉬·알에 이용자 빼앗기는 한국 이커머스 〈단위:만명〉

- 테무: 0 → 328
- 알리: 227 → 496
- 쉬인: 9 → 39
- 11번가: 862 → 744
- G마켓: 549 → 489
- 티몬: 357 → 321

2023년 1월 / 2023년 12월

*월간 사용자 수(MAU) 기준   *자료:모바일인덱스

매경이코노미 2024.01.17.

테·쉬·알에 이용자 다 뺏긴다

쇼핑 앱 이용자 증가 1·2위 독식

최근 C-커머스 열풍은 수치로 알기 쉽게 증명된다. 애플리케이션^앱 월간 순사용자^{MAU}가 급증했다. 모바일인덱스에 따르면 2023년 MAU가 가장 많이 늘어난 쇼핑 앱 1·2위를 테무와 알리익스프레스가 나란히 차지했다. 2023년 4월 5788명으로 출발한 테무 MAU는 지난 12월에는 328만명까지 급등했다. 알리익스프레스는 2023년 1월 227

*알리익스프레스 관련 기사

만명에서 12월 496만명으로, 패션 앱 쉬인 역시 같은 기간 9만명에서 39만명까지 뛰었다. 10월에는 54만명을 찍기도 했다.

중국발 직구 액수도 크게 늘었다. 2023년 3분기 기준 온라인 직구 금액은 1조 6000억원으로 전년 동기 대비 25% 커졌다. 특히 중국 직구 금액이 급증했다. 통계청에 따르면 중국에서 출발한 온라인 직구 금액은 2023년 3분기 기준 8200억원으로 전년 대비 두 배 이상 늘었다. 전체 온라인 직구에서 중국이 차지하는 비중 역시 2018년 17%에서 지난해 3분기 50%까지 급증했다. 반면 지난해 3분기 국내 이커머스 거래액은 57조원으로 전년 동기 대비 8% 성장에 머물렀다. 20%대 성장률을 보이던 팬데믹 기간과 비교하면 확연히 둔화됐다.

상식 파괴 초저가, 어떻게 가능할까	
플랫폼	주요 비결
테무	생산자-소비자 바로 연결 D2C 판매 가격은 테무가 자체 결정
알리	전 세계 알리바바그룹 물류망 활용 중간 유통 단계 제거 '박리다매'
쉬인	광저우 도매 시장 원단 공장 활용 제조 업체 수백 개 확보 저가 제작

매경이코노미 2024.01.17.

C-커머스, 왜 잘될까

마진 없앤 '초저가'…배송도 개선

알리익스프레스는 전 세계 200개가 넘는 국가에 자리 잡고 있는 알리바바그룹 공급망을 적극 활용한다. 중국 내 다양한 상품을 한 번에 대규모로 구입한 후 각지에 저렴하게 판매하는 전형적인 '박리다매'다.

쇼핑 편의성도 전에 비해 크게 나아졌다. 중국 직구 고질병으로 지목돼온 '느린 배송 시간'과 '비싼 배송비'가 개선된 모습이다. 알리익스프레스는 국내 시장 1000억원 투자 계획을 공언하며 서비스 개선에 속도를 내는 중이다. 수백만 개 상품에 대해 5일 내 배송을 보장하고 1000원짜리 제품도 무료 배송을 해주는 정책으로 빠르게 회원을 늘렸다. 결제 역시 지난해 네이버페이·카카오페이와 연동을 마치는 등 방식이 매우 간소화됐다는 평가다.

여러 우려에도 불구하고 C-커머스 사용자 수는 가파른 상승곡선을 그리고 있는 것이 사실이다. 짝퉁 논란, 느린 배송, 어려운 환불 등 수많은 리스크가 '초저가 공세' 앞에서 빛이 바래는 형국이다. 전병서 중국금융연구소장은 "전 세계적인 반중 정서에도 불구하고 아마존,

*알리익스프레스 관련 기사

이베이 같은 미국 거대 기업마저 맥을 못 추고 있는 요즘이다. 빅데이터 기술과 물류 배송 체계가 결합되면서 전 세계 유통 시장을 잡아먹고 있다"며 "한국은 중국 플랫폼 기업 대변신을 여전히 제대로 인식도 못하고 있다. 국내 업계는 '다 집어 먹힐 수 있다'는 위기의식을 갖고 철저한 자기반성과 벤치마킹에 나설 필요가 있다"고 강조했다.

식품까지 손대는 알리익스프레스…쿠팡과 본격 경쟁하나

2024-01-17 이투데이

韓전문관 K베뉴서 콜라·생수까지 판매

중국 직접구매(직구) 플랫폼 알리익스프레스(알리)가 한국 생활용품·가전에 이어 가공식품 판매에 나섰다. 그간 알리의 약점으로 꼽혔던 식품 판매까지 손을 대는 것인데, 국내 이커머스 시장에서 지배력을 확대하려는 전략으로 풀이된다. 특히 쿠팡과 납품 단가 등으로 갈등을 벌인 업체들도 입점한 만큼 알리가 본격적으로 가공식품 판매에 나설 경우 이커머스 업계에 상당한 영향을 줄 전망이다.

16일 이커머스업계에 따르면 이달 코카콜라음료는 알리의 한국 제품 전문관 K베뉴에 입점했다. 알리는 코카콜라음료 본사 직영 공식 숍을 통해 코카콜라, 몬스터에너지드링크, 평창수생수 등을 판매 중이다. 알리가 음료를 판매하는 건 이례적이다.

그간 알리는 K베뉴에 국내 생활용품 제품을 주로 판매해왔다. 지난해 10월 K베뉴를 신설했을 당시 입점 업체는 깨끗한나라, 로보락, 애경, 유한킴벌리, P&G까지 총 5개였으나 현재는 10개 이상으로 확대됐다. 최근에는 LG생활건강을 비롯해 쿠쿠 등 생활가전 브랜드도 입점했다.

K베뉴는 국내에서 판매 중인 상품만을 모아놓은 전문관이다. 중국 직구 제품과 달리 국내에서 상품을 직접 발송하기 때문에 이르면 익일 배송, 늦어도 3일 내 상품을 받아볼 수 있고 배송료 또한 무료다.

알리의 이 같은 행보를 두고 업계는 가공식품 판매 사업 전개를 위

*알리익스프레스 관련 기사

한 사전 테스트로 본다. 업계에 따르면 현재 알리는 본사 내에 가공 식품 담당 조직을 만든 것으로 알려진다. 이들은 최근 국내 주요 식품업체, 음료업체, 라면업체 등과 접촉해 사업 제휴 등을 논의 중이다. 알리의 K베뉴에 국내 브랜드가 공식 숍을 오픈하는 방식인 만큼 제조사 입장에서 판매처 다각화 효과를 누릴 수 있다는 게 업계 설명이다.

이투데이 2024.01.17.

알리익스프레스 관계자는 "(K베뉴)상품 포트폴리오를 계속 넓혀 갈 예정"이라고 말했다.

알리가 가공식품 판매까지 뛰어드는 건 국내 이커머스 시장에서 지배력을 확대하려는 움직임으로 해석된다. 알리는 지난해 국내 이커머스 시장에서 가장 가파른 성장세를 보였다. 앱·리테일 분석 서비스 와이즈앱·리테일·굿즈에 따르면 지난해 12월 기준 알리의 월간 활성 사용자 수MAU는 713만 명으로 2위 업체인 11번가와 격차를 50만 명대까지 좁혔다. 특히 지난해 4월 알리의 MAU가 413만 명인 것과 비교하면 8개월 새 MAU가 72.6% 증가했다.

알리가 가공식품 판매에 본격적으로 뛰어들 경우 국내 이커머스 시장에 미칠 파장은 적지 않을 전망이다. 가공식품 판매를 통해 지금보다 시장점유율을 더 키울 것이란 관측도 나온다. 또 국내 제조사가 쿠팡 대안으로 알리를 택할 가능성도 거론된다. 현재 K베뉴에는 LG생활건강, 쌍용 C&B 등 과거 쿠팡과 갈등 관계에 있었던 업체가 입점해있기도 하다.

업계 관계자는 "알리가 다수의 식품업체와 접촉을 하고 있다"면서 "국내 소비자를 잡기 위해 생활용품, 생활가전, 가공식품 등 상품 구색을 확대하고 있는 것인데 자본력이 막강한 만큼 예의주시하고 있다"고 밝혔다.

*알리익스프레스 관련 기사

[단독] 중국산 '알리 전염병' 걸린 한국인…국민 절반 '직구족' 됐다

2024. 1. 19. 매일경제

CJ대한통운 인천특송센터알리익스프레스 매일경제 2024. 1. 19.

관세청 개인통관고유부호 발급

작년말 사상 첫 2500만건 돌파

'가성비' 중국 직구 급증 영향

알리, 현대홈쇼핑과 제휴 검토

40대 주부 한모씨는 자녀에게 줄 장난감 선물을 작년부터 알리익스프레스 직구로 구매하고 있다. 첫 해외직구라 개인통관고유부호도 발급받았다. 한씨는 "한국 인터넷 쇼핑몰에서 사는 자동차 장난감도 어차피 다 중국산이었다"며 "알리에서 사면 배송 기간이 좀 더 길기는 하지만 가격이 훨씬 저렴하고 종류도 훨씬 다양하다"고 말했다.

중국발 해외직구 공습이 확산되면서 온라인 해외직구를 위해 필요한 개인통관고유부호 누적 발급이 지난해 말 사상 처음 2500만건을 돌파했다. 국민 2명 중 1명이 해외직구를 위해 개인통관부호를 발급받았다는 뜻이다.

19일 관세청에 따르면 2019년 1377만건이던 통관고유부호 누적 발급은 2021년 2000만건을 돌파했고 지난해 말 2544만건을 기록했다. 사상 처음으로 2500만건을 넘어선 것이다.

작년 한 해 동안 260만건 이상 통관고유부호 발급이 새로 이뤄진 건 알리익스프레스와 테무 등 중국 인터넷 쇼핑몰 이용자가 급증했기 때문이다.

*알리익스프레스 관련 기사

중국 '알리' 얼마나 무섭길래…한국선 '5년 기업전쟁'도 끝낸거야 [뉴스 쉽게보기]

2024. 1. 19. 매일경제

쿠팡이 갑질 기업으로 찍히는 걸 우려했을 수도 있지만, 사실 꼬리를 내린 진짜 이유는 다른 데 있다는 해석도 있어요. 알리익스프레스(알리), 테무와 같은 중국 인터넷 쇼핑몰들이 무섭게 치고 올라오기 때문이라는 거예요.

작년부터 한국 시장에 진출하기 시작한 중국 쇼핑몰들은 공격적인 마케팅으로 이용자들을 단숨에 끌어모았어요. 지난해 국내에서 이용자 수가 가장 많이 증가한 모바일 앱 1위와 2위에 알리와 테무였다고 해요. 일단 물건 가격이 말도 안 되게 저렴하기 때문에, 한 번 쇼핑에 들어서면 헤어 나오기 힘들다는 의미로 '알리지옥', '테무지옥'이라는 신조어가 생길 정도였어요.

사실 이 회사들은 쿠팡보다 규모가 훨씬 큰 대기업들이에요. 테무를 운영하는 중국 기업 '핀둬둬'는 시가총액이 무려 1975억달러(약 250조원)에 달한다고 해요. 알리도 시가총액이 약 241조원 정도고요. 삼성전자 시가총액이 약 430조원이라는 점을 고려하면 생각보다 어마어마한 규모의 회사인 거죠. 쿠팡의 시가총액은 286억달러(약 37조원) 수준으로, 중국 쇼핑몰들이 쿠팡보다 10배 가까이 커요.

*알리익스프레스 관련 기사

내 인생 마지막 블루오션,
돈은 링크를 타고 온다.

러시아의 한 블로그에서 처음 알리익스프레스 어필리에이트를 접했던 순간이 기억난다. 러시아는 이미 몇 년 전부터 알리익스프레스의 풍부한 시장을 경험하고 있었지만, 한국에서는 그 정보를 찾아볼 수 없었다. 단지 몇몇 사람들이 만족스럽게 이용한다는 이야기만 떠돌고 있었다. 실제로 알리익스프레스 어필리에이트를 아는 이는 없었다.

아내와 함께 빔 프로젝트를 구입했던 떨리는 순간도 생각난다. 나는 설레었고 아내는 염려했다. 그때 그 하나의 제품 구입이 알리익스프레스가 한국 시장에 더 큰 관심을 가지게 하고, 한국의 쇼핑 트렌드를 바꿀 대변혁의 시작이 될 줄은 상상도 못 했다. 점차 알리익스프레스의 매력적인 제품들을 발견하고 즐기는 사람들이 늘어나기 시작했다.

즐겨 찾던 제품을 선택하고, 그것을 구매하며 소개하기만 해도 수익이 창출되는 것은 너무나 흥미진진한 경험이었다. 수익은 기대 이상으로 급상승했다. 그리고 더욱 반가운 소식이 들려왔다. 내가 좋아하는 배우 마동석 씨가 알리익스프레스의 얼굴이 되어 홍보를 시작한 것이다.

단순한 홍보를 넘어서, 배송 서비스의 혁신적인 속도 향상이 일어났다. 기존에 2주일, 한 달이 걸리던 배송이 불과 이틀, 삼일 만에 도착하기 시작했다. 이 모든 변화가 1년도 채 되지 않아 일어난 것을 보며, 알리익스프레스를 처음 소개했던 때와 비교하면 마치 세상이 완전히 달라진 듯하다.

출판 제안을 받고 한국에서 단순한 소비자가 아닌, 어필리에이트 프로그램을 통해 누구나 자신이 좋아하는 제품을 공유하며 수익을 창출할 수 있다는 점을 더 적극적으로 나서서 널리 알리고 싶다는 열망이 생겼다. 그리고 유튜브의 크리에이터가 되어 알리 어필리에이트로 활동하는 것이 온라인 사업에서 마지막 블루오션 에 뛰어드는 것이라고 생각한다.

알리익스프레스를 만나기 전까지만 하더라도 나는 소득이 매우 불안정했다. 그러나 현재는 원하는 전원생활을 할 수 있게 되었다. 일주일에 하루, 그것도 몇 시간만 일하며, 다른 시간에는 책을 읽고 아이들과 놀고, 아내를 돕고, 거대한 계절의 변화를 몸으로 느끼며 살아간다. 경쟁과 피곤에 지쳐가는 사람들을 보면서 내가 경제활동 하는 방법을 알려주고 싶다는 생각이 간절하다.

지금도 아마 수많은 사람들이 저렴한 가격에 좋은 제품을 구매하는 것에 만족하고 있을 것이다. 하지만 이제 단 한 번의 클릭, 링크 공유라는 간단한 실행으로 자신만의 사업을 시작할 수 있는 사업가로 변모할 수 있게 되었다. 주변사람들에게 알리어필리에이트를 이야기하면 모두가 신기해한다. 아직도 사람들은 이곳을 미지의 세계로 알고 있을 뿐이다. 지금 바로 여러분의 깃발을 알리익스프레스에 꽂아보라. 손끝에서 시작되는 가장 작은 실행이 바로 사업가로 거듭나고 경제적 자유를 누리는 첫걸음이 될 것이다.

나는 사업과 관련하여 기본을 아버지께 배웠다. 나의 아버지 김종률님은 항상 소비자적 마인드가 아닌 사업가적 마인드, 그리고 생각만 하는 것이 아니라 실행을 강조하셨다. 그렇게 쌓아온 실행력이 오늘의 나도 이 책도 있게 했다.